교과서 필수 어휘로 초등 맞춤법 완성하기!

어린이 글
2만 건
분석 추출

바쁜

초등학생을 위한

빠른 맞춤법 ①

이지스에듀

지은이 **분당 영재사랑 교육연구소, 호사라**

영재사랑 교육연구소(031-717-0341)는 분당 지역에서 유년기(6~13세) 어린이들의 잠재력 성장을 돕기 위해 지능 및 창의성 검사를 통한 학부모 상담과 논술, 수학, 과학실험, 탐구 수업 등을 진행해 왔습니다. 서울대 출신 교육학 박사들의 독창적인 프로그램과 학생에 맞는 개별 맞춤식 지도로 15년 동안 꾸준한 사랑을 받고 있습니다.

분당 영재사랑 교육연구소 블로그 blog.naver.com/ilovethegifted

호사라 선생님은 서울대학교 교육학과에서 학사와 석사 학위를, 버지니아 대학교(University of Virginia)에서 영재 교육학 박사 학위를 취득하고 분당에서 영재사랑 교육연구소를 설립하여 제자들을 양성하고 있습니다. 어린 학생들의 영재성을 키워 주는 다양한 프로그램 개발과 수업을 통해 제자들의 사고력, 표현력 그리고 바른 학습 태도를 길러 주고자 노력하고 있습니다.

저서로는 《7살 첫 국어 1. 받침 없는 교과서 낱말》, 《7살 첫 국어 2. 받침 있는 교과서 낱말》, 《바쁜 초등학생을 위한 빠른 맞춤법 1, 2》, 《바빠 초등 속담 + 따라쓰기》, 《바빠 초등 사자성어 + 따라쓰기》가 있다.

바쁜 초등학생을 위한 빠른 맞춤법 ①

초판 1쇄 발행 2021년 3월 15일
초판 10쇄 발행 2025년 1월 31일
지은이 영재사랑 교육연구소, 호사라
발행인 이지연
펴낸곳 이지스퍼블리싱(주)
출판사 등록번호 제313-2010-123호
주소 서울시 마포구 잔다리로 109 이지스 빌딩 5층(우편번호 04003)
대표전화 02-325-1722　　　　　　　　팩스 02-326-1723
이지스퍼블리싱 홈페이지 www.easyspub.com　　이지스에듀 카페 www.easyspub.co.kr
바빠 아지트 블로그 blog.naver.com/easyspub　　인스타그램 @easys_edu
페이스북 www.facebook.com/easyspub2014　　이메일 service@easyspub.co.kr

책임 편집 조은미, 정지연, 이지혜, 박지연, 김현주　교정·교열 박명희, 김아롬　문제 검수 전수민
삽화 김학수, 이민영　표지 및 내지 디자인 정우영, 손한나　조판 책돼지　인쇄 보광문화사
영업 및 문의 이주동, 김요한(nlrose@easyspub.co.kr)　마케팅 라혜주　독자 지원 오경신, 박애림, 김수경

ISBN 979-11-6303-234-2 64710
ISBN 979-11-6303-233-5(세트)
가격 10,000원

알찬 교육 정보도 만나고 출판사 이벤트에도 참여하세요!

1. 바빠 공부단 카페
cafe.naver.com/easyispub

2. 인스타그램 + 카카오 채널
@easys_edu 　 이지스에듀 검색!

• **이지스에듀**는 이지스퍼블리싱(주)의 교육 브랜드입니다.
(이지스에듀는 학생들을 탈락시키지 않고 모두 목적지까지 데려가는 책을 만듭니다!)

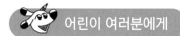

안녕하세요!

저는 호 박사예요.

'호박을 사라!'는 뜻이 아니니 오해는 마세요.

여러분이 아주 똑똑하다는 소문을 들었어요. 그 소문이 맞는지 문제를 내 볼게요. 외국인 친구에게 받은 편지 내용 중에 어디가 이상한지 알아맞혀 보세요.

 그동 안잘 살았니? 나 한구거 공부 시작했다.

맞춤법 실수를 모두 찾았나요? 정말 소문대로 여러분은 아주 똑똑하군요.

저는 어떻게 하면 여러분이 쉽고 재미있게 맞춤법 공부를 할 수 있을지 연구하며 이 책을 썼어요.

아이고! 그동안 흰 머리카락이 백 개는 더 난 것 같네요. 그렇지만 여러분이 '맞춤법 박사'가 된다면 흰 머리카락쯤이야 천 개가 나도 좋을 것 같아요.

용기를 갖고 '맞춤법 박사'에 도전해 보세요!

외국인 친구의 편지 실수 1 그동 안잘 → 그동안 잘 실수 2 한구거 → 한국어

교과서 필수 어휘로 초등 맞춤법 완성하기!
속담, 수수께끼, 생활 글로 재미있게 배워요!

**아이들의
맞춤법 실력에
비상이!**

학년이 올라가도 맞춤법 실수가 잦아 걱정하는 학부모님들이 부쩍 늘었습니다. 저학년 국어 공부의 상징인 받아쓰기와 일기 쓰기가 줄어들고 영상 시청과 영어 학습 시간은 늘어난 결과입니다.

그러나 맞춤법을 잘 알아야 국어도 잘합니다. '국어 실력'은 결국 '뜻을 제대로 이해하고 전달하는 실력'인데, '갔다'와 '같다'를 구별하지 못한다면, 또 '아버지가 방에'와 '아버지 가방에'를 구별하지 못한다면 뜻을 잘못 파악하고, 잘못 전달하게 되니까요.

**가장 자연스러운
맞춤법 공부는
'읽기'**

재미난 글을
읽으며
맞춤법을 배워요.

맞춤법 실수가 적은 아이들은 읽기 경험이 풍부하다는 공통점이 있습니다. 글을 읽으며 반복해서 눈에 익히는 게 가장 자연스러운 맞춤법 공부라는 뜻이지요.

그래서 이 책은 아이들이 속담, 수수께끼, 일기, 편지 등의 재미난 글을 읽으며 맞춤법 공부를 하도록 설계했습니다. 지식과 어휘력도 함께 기를 수 있도록 다양한 영역의 글을 담되 저학년에게 부담되지 않는 글줄 길이로 구성했습니다. 또한, 각 글은 지난 15년 동안 발행된 저학년 국어 교과서에서 추려낸 필수 낱말을 사용해 국어 공부에도 바로 도움이 되도록 했습니다.

**어린이 글
2만 건 분석!
자주 틀리는
내용 총정리!**

아이들은 비슷한 것끼리 함께 배울 때 더 오래 기억합니다. 그래서 이 책은 분당 영재사랑 교육연구소에서 지도한 초등학생이 쓴 글 2만여 건을 분석한 뒤, 자주 틀리는 것을 세 영역으로 분류하여 비슷한 것끼리 모아서 배우도록 구성했습니다.

먼저 소리와 쓰기가 달라서 틀리는 낱말입니다. 첫째, 둘째, 셋째 마당에서 집중해서 다룹니다. 다음으로 받침의 소리는 같은데 종

류가 달라 틀리는 낱말입니다. 넷째 마당에서 집중해서 배웁니다. 마지막으로 소리가 비슷해서 구별하기 쉽지 않은 낱말은 다섯째 마당에서 집중해서 배웁니다.

띄어쓰기 역시 마찬가지입니다. 첫째 마당에서는 조사를 앞말에 붙여 써야 한다는 점을, 둘째 마당에서는 각각의 뜻이 있으면 띄어 써야 한다는 점을, 셋째 마당에서는 꾸며주는 낱말과 꾸밈을 받는 낱말은 띄어 써야 한다는 점을 배웁니다.

넷째 마당에서는 의존 명사와 단위는 앞말과 띄어 써야 한다는 점도 배웁니다. 다섯째 마당에서는 하나의 낱말처럼 오해할 수 있는 것과 반대로 두 개의 낱말처럼 오해할 수 있는 것을 배웁니다.

아이들의 문법 습득 과정을 반영한 과학적 설계!

초등 맞춤법 책은 대부분 영어 문법을 가르치듯, 원리를 먼저 설명해 주고 적용해 보도록 구성되어 있습니다. 그러나 제가 현장에서 15년 동안 지도한 제자들의 문법 습득 과정을 보면 아이들은 절대 문법을 적용하는 방식으로 맞춤법을 배우지 않습니다. 초등 저학년은 '바르게 쓴 것'과 '틀리게 쓴 것'을 눈으로 보고 비교하며 직관적으로 익힐 때 훨씬 더 빨리 배웁니다. 그래서 이 책은 문법 해설은 최대한 줄이고 아이들이 직관적으로 배울 수 있게 문항을 구성했습니다.

실수는 배움의 통로!

아이들은 수만 번 실수하면서 바른 표기법을 깨달아 갑니다. 이 책을 공부할 때 아이들이 실수하더라도 긍정적인 추임새를 넣어 주시길 부탁드립니다.

"실수도 좋은 공부야. 어떻게 하면 안 되는지를 배운 거잖아."

아이들의 맞춤법 공부가 꿀맛 공부가 될 수 있도록 이끌어 주세요!

영재사랑 교육연구소, 호사라

이 책을 효과적으로 공부하는 방법

 같이 따라 해 볼까?

모든 문항을 소리 내서 읽으며 진행하세요.
'눈, 손, 귀'로 함께 하는 공부가 되어 학습 효과가 더욱 커집니다.

08 새로 나온 신기한 색종이

다음 글을 큰 소리로 두 번씩 읽어 보세요. 읽기 한 번 두 번

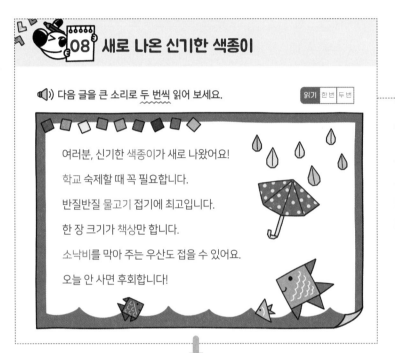

여러분, 신기한 색종이가 새로 나왔어요!
학교 숙제할 때 꼭 필요합니다.
반질반질 물고기 접기에 최고입니다.
한 장 크기가 책상만 합니다.
소낙비를 막아 주는 우산도 접을 수 있어요.
오늘 안 사면 후회합니다!

준비 단계

글감 큰 소리로 두 번씩 읽기

제시한 글을 손가락으로 짚으며 또박
또박 읽어 보세요.
여기에서 문제가 나오니 집중해서 읽
어 보세요!

소리 나는 대로 쓰지 않는 말 읽고 쓰기

낱말	① 읽기	② 회색 글자만 쓰기	③ 한 번 더 쓰기
색종이	[색쫑이]	색종이	
학교	[학꾜]	학교	
물고기	[물꼬기]	물고기	
책상	[책쌍]	책상	
소낙비	[소낙삐]	소낙비	

1단계

받아쓰기 집중 연습(총 190개)

① 낱말을 소리 나는 대로 읽어 보세요.
② 회색 글자를 따라 쓰며 소리와 쓰
기의 차이점을 알아보세요.
③ 바르게 한 번 더 쓰세요.

호 박사

잘 읽는 아이들이 잘 씁니다.
이 책은 읽으면서 진행해야 합니다. 꼭 기억해 주세요.

🔍 **잘 틀리는 낱말 연습하기**

 골라 쓰세요!

① 여러분, ☐☐기한 색종이가 새로 나왔어요!

② 학교 숙제할 때 꼭 ☐☐요합니다.

③ 반질반질 물고기 접기에 ☐☐고입니다.

④ 한 장 크기가 책상만 ☐☐니다.

⑤ 소낙비를 막아 주는 우산도 접을 수 있☐☐요.

신	싱
피	필
최	채
합	함
써	어

2단계

잘 틀리는 낱말 연습하기
(총 228개)

잘 틀리는 받침과 모음을 연습합니다. 왼쪽에 제시된 글을 덮고 푼 다음, 틀린 것은 글에서 스스로 찾아 고쳐 보세요. 이렇게 하면 맞춤법 연습과 읽기를 두 번 반복하는 효과가 있습니다.

💬 **헷갈리는 띄어쓰기 연습하기**

> '가', '만', '도'는 앞말과 붙여 쓰고 뒷말과는 띄어 써야 해요.

☆ 색종이가새로 → 색 ☐☐☐☐☐☐

☆ 책상만합니다. → 책 ☐☐☐☐☐☐ .

3단계

헷갈리는 띄어쓰기 연습하기
(총 114개)

제대로 풀면 주어진 칸의 시작과 끝에 모두 글자가 들어갑니다. 틀린 것은 글에서 스스로 찾아 고쳐 쓰세요.

마무리 단계

각 마당 복습과 받아쓰기 연습

많이 틀리는 부분을 모아 복습한 다음 '받아쓰기'로 각 마당을 마무리합니다.
QR코드를 찍어 전문 성우가 불러 주는 낱말과 어구를 잘 듣고 정확하게 쓰세요.

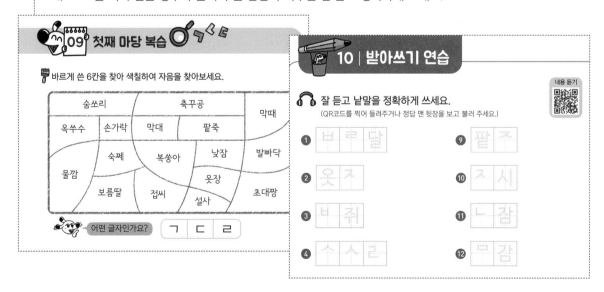

09 첫째 마당 복습

🖌 바르게 쓴 6칸을 찾아 색칠하여 자음을 찾아보세요.

숨쏘리	축꾸공	
옥쑤수	손가락	막대	팥죽	막때
숙쩨	복쑹아	낮잠	발빠닥
물깜	옷장	
보름딸	접씨	설사	초대짱

어떤 글자인가요? ㄱ ㄷ ㄹ

10 | 받아쓰기 연습

내용 듣기

🎧 잘 듣고 낱말을 정확하게 쓰세요.
(QR코드를 찍어 들려주거나 정답 맨 뒷장을 보고 불러 주세요.)

① ㅂ ㄹ 딸
② 옷 ㅈ
③ ㅂ 쥐
④ ㅅ ㅅ ㄹ
⑨ 팥 ㅈ
⑩ ㅈ ㅅ
⑪ ㄴ 잠
⑫ ㅁ 감

 차 례

바쁜 초등학생을 위한 빠른 맞춤법 ❶

 1학년은 하루에 1과씩 공부하고, 2~3학년은 하루에 2과씩 공부하세요!

공부한 날

첫째 마당

수수께끼와 생활문으로
배우는 맞춤법

어린이 여러분!

저의 외국인 친구 잭이 편지를 보냈어요. 그런데 밑줄 친 부분이 좀 이상해요.

 어제 <u>축꾸</u>를 하다가 <u>발바닥 을</u> 다쳤어.

첫째 마당을 공부하면, 여러분은 잭이 한 실수를 바로 알아챌 수 있을 거예요.

실수 1 축꾸 → 축구   실수 2 발바닥 을 → 발바닥을

첫째 마당에서 집중 연습하는 받아쓰기

ㄱ이 [ㄲ], ㄷ이 [ㄸ], ㅂ이 [ㅃ], ㅅ이 [ㅆ], ㅈ이 [ㅉ]으로 소리 날 때가 있어요. 읽을 때 나는 소리와 쓰기가 다르니 주의해야 해요.

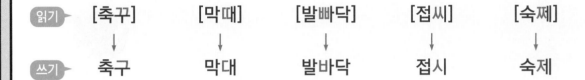

읽기 ▶	[축꾸]	[막때]	[발빠닥]	[접씨]	[숙쩨]
	↓	↓	↓	↓	↓
쓰기 ▶	축구	막대	발바닥	접시	숙제

 **첫째 마당에서 집중 연습하는 띄어쓰기**

은(는), 이(가), 을(를), 에, 에서, 로, 으로, 도, 이랑, 만 등은 혼자서는 뜻을 나타낼 수 없으므로 앞말에 붙여 써야 해요. 그리고 뒤쪽으로 오는 새로운 낱말은 띄어 써야 해요.

소 가 웃는다. (X) '가'는 앞말 '소'에 붙여 써야 해요.

소가웃는다. (X) '가' 뒤에 나오는 '웃는다'는 새로운 낱말이므로 띄어 써야 해요.

소가 웃는다. (O) '가'를 앞말 '소'와 붙였고, 뒷말 '웃는다'와 띄었으므로 바르게 썼어요.

01 알쏭달쏭 수수께끼 1

• 읽으면 누구나 즐겁게 웃는 글은?	싱글벙글
• 쥐는 쥐인데 날아다니는 쥐는?	박쥐
• 사람들이 가장 많이 내는 소리는?	숨소리
• 소가 웃는 소리를 세 글자로 하면?	우하하[1]
• 선물로 주어도 발로 차는 공은?	축구공

1) '우'는 소를 가리키는 한자인 '소 우(牛)'에서 온 것이고, '하하'는 웃을 때 나는 소리인 '하하'에서 온 거예요.

 소리 나는 대로 쓰지 않는 말 읽고 쓰기

낱말	읽기	회색 글자만 쓰기	한 번 더 쓰기
즐겁게	[즐겁께]	즐겁게	즐겁게
박쥐	[박ː쮜] ː 앞 글자를 길게 소리 내요.	박쥐	
숨소리	[숨ː쏘리]	숨소리	
글자	[글짜]	글자	
축구공	[축꾸공]	축구공	

🔍 잘 틀리는 낱말 연습하기

① ⬜⬜ **으면** 누구나 즐겁게 웃는 글은?   읽 일

② 쥐는 **쥐인** ⬜ 날아다니는 쥐는?   대 데

③ 사람들이 가장 ⬜ **이** 내는 소리는?   많 만

④ 소가 ⬜ **는** 소리를 세 글자로 하면?   운 웃

⑤ 읽으면 누구나 **즐겁** ⬜ 웃는 글은?   개 게

⑥ 사람들이 가장 많이 ⬜ **는** 소리는?   내 네

✅ 헷갈리는 띄어쓰기 연습하기

'는', '이', '가'는 앞말과 붙여 쓰고, 뒷말과는 띄어 써야 해요.

☆ <u>쥐는쥐인데</u> ➜ 쥐 는   쥐 인 데

☆ <u>사람들이가장</u> 많이 ➜ 사 ⬜ ⬜ ⬜ ⬜ 장   많이

☆ <u>소가웃는</u> 소리를 ➜ 소 ⬜ ⬜ 는   소리를

02 알쏭달쏭 수수께끼 2

🔊 다음 글을 큰 소리로 두 번씩 읽어 보세요.

읽기 한 번 두 번

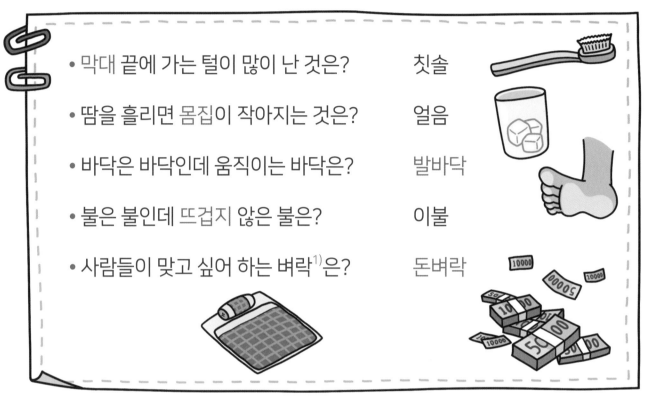

- 막대 끝에 가는 털이 많이 난 것은?　　칫솔

- 땀을 흘리면 몸집이 작아지는 것은?　　얼음

- 바닥은 바닥인데 움직이는 바닥은?　　발바닥

- 불은 불인데 뜨겁지 않은 불은?　　이불

- 사람들이 맞고 싶어 하는 벼락[1]은?　　돈벼락

1) 벼락: 땅에 떨어지는 번개

 소리 나는 대로 쓰지 않는 말 읽고 쓰기

낱말	읽기	회색 글자만 쓰기	한 번 더 쓰기
막대	[막때]	막대	
몸집	[몸찝]	몸집	
발바닥	[발빠닥]	발바닥	
뜨겁지	[뜨겁찌]	뜨겁지	
돈벼락	[돈ː뼈락] ː 앞 글자를 길게 소리 내요.	돈벼락	

※ 칫솔 → [치쏠/칟쏠], 맞고 → [맏꼬]로 소리 나요.

🔍 잘 틀리는 낱말 연습하기

골라 쓰세요!

① 막대 [ ] **에** 가는 털이 많이 난 것은?   끗 끝

② 땀을 흘리면 몸집이 작아지는 [ ] **은?**   것 걷

③ 바닥은 **바닥인** [ ] 움직이는 바닥은?   대 데

④ 불은 불인데 뜨겁지 [ ] **은** 불은?   앓 안

⑤ 사람들이 [ ] **고** 싶어 하는 벼락은?   맡 맞

⑥ 막대 끝에 가는 털이 **많** [ ] 난 것은?   이 히

✔️ 헷갈리는 띄어쓰기 연습하기

'에', '이', '은'은 앞말을 도와주는 말이에요. 그래서 앞말과 붙여 써야 해요.

☆ 막대 <u>끝에가는</u> ➡ 막대 | 끝 | | | | |

☆ <u>몸집이작아지는</u> ➡ | 몸 | | | | | | |

☆ <u>불은불인데</u> ➡ | 불 | | | | | |

03 생일잔치 초대장

🔊 다음 글을 큰 소리로 두 번씩 읽어 보세요.

읽기 | 한 번 | 두 번

초대장

혹부리 영감님!

내일 낮, 우리 집에서 생일잔치를 엽니다.

맛있는 과일과 팥죽을 준비했어요.

영감님이 좋아하시는 접시돌리기 공연도 해요.

낮잠 주무시다가 깜박하지 마세요.

꼬부랑 할머니 드림

 소리 나는 대로 쓰지 않는 말 읽고 쓰기

낱말	읽기	회색 글자만 쓰기	한 번 더 쓰기
초대장	[초대짱]	초대장	
혹부리	[혹뿌리]	혹부리	
팥죽	[팓쭉]	팥죽	
접시	[접씨]	접시	
낮잠	[낟짬]	낮잠	

※ '깜박'은 읽을 때 '깜박'이 아닌 [깜박]으로 소리 내야 해요. '깜빡하다'는 '깜박하다'보다 느낌을 세게 표현할 때 사용해요.

🔍 잘 틀리는 낱말 연습하기

① 혹 [ ][ ]리 영감님!   (뿌)(부)

② 내일 [ ][ ] , 우리 집에서   (낮)(낫)

③ 생일잔치를 [ ]니다.   (염)(엽)

④ 맛있는 과일과 [ ]죽을 준비했어요.   (팥)(팓)

⑤ 영감님이 [ ]아하시는 접시돌리기 공연도 해요.   (조)(좋)

⑥ 낮잠 주무시다가 깜박하지 마[ ][ ]요.   (세)(새)

✓ 헷갈리는 띄어쓰기 연습하기

> '를', '을', '도'는 앞말과 붙여 쓰고 뒷말과는 띄어 써야 해요.

☆ <u>잔치를엽</u>니다. → 잔 [ ][ ][ ][ ][ ][ ][ ][ ] .

☆ <u>팥죽을준</u>비했어요. → 팥 [ ][ ][ ][ ][ ] 했어요.

☆ <u>공연도해</u>요. → 공 [ ][ ][ ][ ][ ] .

※ '이/가', '을/를', '에', '도' 등은 '조사'예요. 조사의 '조'는 한자로 도울 '조(助)'를 쓰며 앞말을 돕는다는 뜻이 있어요.

🔊 다음 글을 큰 소리로 두 번씩 읽어 보세요.

읽기 한 번 두 번

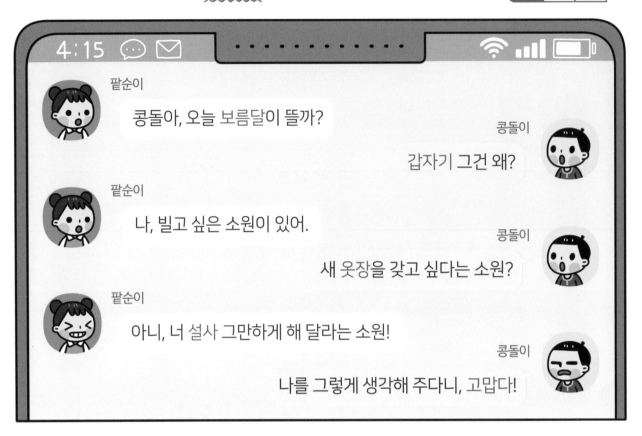

4:15

팥순이
콩돌아, 오늘 보름달이 뜰까?

콩돌이
갑자기 그건 왜?

팥순이
나, 빌고 싶은 소원이 있어.

콩돌이
새 옷장을 갖고 싶다는 소원?

팥순이
아니, 너 설사 그만하게 해 달라는 소원!

콩돌이
나를 그렇게 생각해 주다니, 고맙다!

✏️ 소리 나는 대로 쓰지 않는 말 읽고 쓰기

낱말	읽기	회색 글자만 쓰기	한 번 더 쓰기
보름달	[보름딸]	보름달	
갑자기	[갑짜기]	갑자기	
옷장	[옫짱]	옷장	
설사	[설싸]	설사	
고맙다	[고ː맙따] ː 앞 글자를 길게 소리 내요.	고맙다	

※ 문자 → [문짜], 싶다 → [십따]로 소리 나요.

18

🔍 잘 틀리는 낱말 연습하기

골라 쓰세요!

① 갑자기 그건 ☐ ? 　　　　　　　外 왜

② 나, 빌고 싶은 소 ☐ 이 있어. 　　원 윈

③ 새 ☐ 장을 갖고 싶다는 소원? 　　온 옷

④ 너 설사 **그만하** ☐ 해 달라는 소원! 　　개 게

⑤ 나를 그렇게 **생각** ☐ 주다니, 고맙다! 　　해 헤

⑥ 새 옷장을 ☐ **고** 싶다는 소원? 　　같 갖

✅ 헷갈리는 띄어쓰기 연습하기

> '이', '을', '를'도 앞말을 도와주는 말이에요.
> 앞말과는 붙여 쓰고, 뒷말과는 띄어 써야 해요.

☆ <u>보름달이뜰까?</u> ➡ 보 　　　　　　　?

☆ <u>옷장을갖고</u> 싶다는 ➡ 옷 　　　　　 싶다는

☆ <u>나를그렇게</u> 생각해 ➡ 나 　　　　　 생각해

05 팥순이와 콩돌이의 문자 2

🔊 다음 글을 큰 소리로 두 번씩 읽어 보세요.

읽기 한번 두번

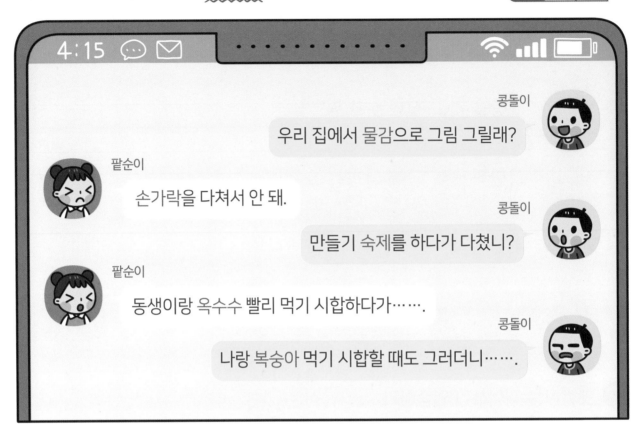

✏️ 소리 나는 대로 쓰지 않는 말 읽고 쓰기

낱말	읽기	회색 글자만 쓰기	한 번 더 쓰기
물감	[물깜]	물감	
손가락	[손까락]	손가락	
숙제	[숙쩨]	숙제	
옥수수	[옥쑤수]	옥수수	
복숭아	[복쑹아]	복숭아	

🔍 잘 틀리는 낱말 연습하기

1 우리 집에서 물감으로 그림 **그릴** ☐☐ ?

레 래

2 손가락을 다쳐서 안 ☐☐ .[1]

되 돼

3 만들기 숙제를 하다가 **다** ☐☐ 니?

첫 쳤

4 동생이랑 옥수수 빨리 먹기 시 ☐☐ 하다가…….

합 압

5 나랑 복숭아 먹기 시합할 ☐☐ **도** 그러더니…….

떼 때

6 만들기 **숙** ☐☐ 를 하다가 다쳤니?

제 재

1) '되어'가 줄어든 형태가 '돼'예요. '되'는 혼자 쓰이지 않아요.

✅ 헷갈리는 띄어쓰기 연습하기

> '으로', '을', '이랑'은 앞말과 붙여 쓰고, 뒷말과는 띄어 써야 해요.

☆ 물감으로그림 그릴래? ➜ 물 ☐☐☐☐☐☐☐☐☐ 그릴래?

☆ 손가락을다쳐서 ➜ 손 ☐☐☐☐☐☐☐☐☐

☆ 동생이랑옥수수 ➜ 동 ☐☐☐☐☐☐☐☐☐

06 재미있는 속담 1

🔊 다음 글을 큰 소리로 두 번씩 읽어 보세요.

가는 말이 고와야 오는 말이 곱다[1]

믿는 도끼에 발등 찍힌다[2]

등잔 밑이 어둡다[3]

바늘구멍으로 하늘 보기[4]

백지장도 맞들면 낫다[5]

1) 내가 남에게 잘해야 남도 나에게 잘한다는 뜻
2) 믿었던 사람에게 배신을 당한다는 뜻
3) 가까이에 있는 것을 알아보지 못한다는 뜻
4) 작은 부분으로 전체를 알려고 하는 것은 어리석다는 뜻
5) 아무리 쉬운 일이라도 힘을 합치면 훨씬 더 쉽게 할 수 있다는 뜻

 소리 나는 대로 쓰지 않는 말 읽고 쓰기

낱말	읽기	회색 글자만 쓰기	한 번 더 쓰기
곱다	[곱ː따]	곱다	
발등	[발뜽]	발등	
어둡다	[어둡따]	어둡다	
바늘구멍	[바늘꾸멍]	바늘구멍	
백지장	[백찌짱]	백지장	

※ 속담 → [속땀], 맞들면 → [맏뜰면]으로 소리 나요.

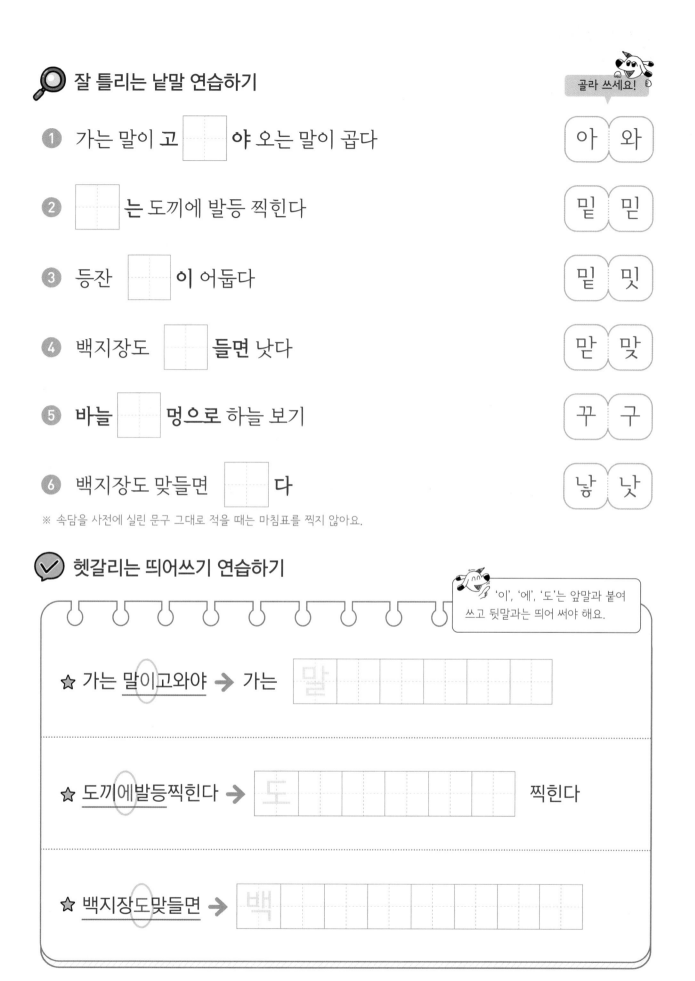

🔍 잘 틀리는 낱말 연습하기

골라 쓰세요!

1 가는 말이 고 [　] 야 오는 말이 곱다 　　　아 　와

2 [　] 는 도끼에 발등 찍힌다 　　　밑 　민

3 등잔 [　] 이 어둡다 　　　밑 　밋

4 백지장도 [　] 들면 낫다 　　　만 　맞

5 바늘 [　] 멍으로 하늘 보기 　　　꾸 　구

6 백지장도 맞들면 [　] 다 　　　낳 　낫

※ 속담을 사전에 실린 문구 그대로 적을 때는 마침표를 찍지 않아요.

✅ 헷갈리는 띄어쓰기 연습하기

'이', '에', '도'는 앞말과 붙여 쓰고 뒷말과는 띄어 써야 해요.

☆ 가는 말이고와야 ➜ 가는 　말[　][　][　][　][　]

☆ 도끼에발등찍힌다 ➜ 도[　][　][　][　][　] 찍힌다

☆ 백지장도맞들면 ➜ 백[　][　][　][　][　][　][　][　]

23

🔊 다음 글을 큰 소리로 두 번씩 읽어 보세요.   읽기 한번 두번

뛰는 놈 위에 나는 놈 있다[1]

누워서 침 뱉기[2]

땅 짚고 헤엄치기[3]

못된 송아지 엉덩이에 뿔 난다[4]

작은 고추가 더 맵다[5]

[1] 아무리 재주가 뛰어나도 더 나은 사람이 있다는 뜻
[2] 다른 사람을 해치려고 한 행동에 도리어 자신이 당한다는 뜻
[3] 땅을 짚고 헤엄치는 것처럼 아주 쉬운 일이라는 뜻
[4] 못된 사람이 더 나쁜 행동만 한다는 뜻
[5] 몸집이 작아도 야무지고 실력이 뛰어나다는 뜻

 소리 나는 대로 쓰지 않는 말 읽고 쓰기

낱말	읽기	회색 글자만 쓰기	한 번 더 쓰기
있다	[읻따]	있다	
뱉기	[밷ː끼]	뱉기	
짚고	[집꼬]	짚고	
못된	[몯ː뙨]	못된	
맵다	[맵따]	맵다	

잘 틀리는 낱말 연습하기

1 뛰는 놈 위 ☐☐ 나는 놈 있다 　　　애　에

2 누워서 침 ☐☐ 기 　　　뱉　뱐

3 땅 짚고 ☐☐ 엄치기 　　　해　헤

4 못 ☐☐ 송아지 엉덩이에 뿔 난다 　　　된　댄

5 작은 고추가 더 ☐☐ 다 　　　맵　멥

6 ☐☐ 는 놈 위에 나는 놈 있다 　　　띠　뛰

헷갈리는 띄어쓰기 연습하기

'에', '가'는 앞말과 붙여 쓰고 뒷말과는 띄어 써야 해요.

☆ 위에나는 놈 있다 ➜ 위 ☐☐☐☐☐ 놈 있다

☆ 엉덩이에뿔 난다 ➜ 엉 ☐☐☐☐☐☐ 난다

☆ 고추가더 맵다 ➜ 고 ☐☐☐☐ 맵다

25

🔊 다음 글을 큰 소리로 두 번씩 읽어 보세요.

읽기 한 번 두 번

> 여러분, 신기한 색종이가 새로 나왔어요!
>
> 학교 숙제할 때 꼭 필요합니다.
>
> 반질반질 물고기 접기에 최고입니다.
>
> 한 장 크기가 책상만 합니다.
>
> 소낙비를 막아 주는 우산도 접을 수 있어요.
>
> 오늘 안 사면 후회합니다!

 소리 나는 대로 쓰지 않는 말 읽고 쓰기

낱말	읽기	회색 글자만 쓰기	한 번 더 쓰기
색종이	[색쫑이]	색종이	
학교	[학꾜]	학교	
물고기	[물꼬기]	물고기	
책상	[책쌍]	책상	
소낙비	[소낙삐]	소낙비	

※ 숙제 → [숙쩨], 접기 → [접끼]로 소리 나요.

🔍 잘 틀리는 낱말 연습하기

① 여러분, ☐ **기한** 색종이가 새로 나왔어요! 신 | 싱

② 학교 숙제할 때 꼭 ☐ **요합니다.** 피 | 필

③ 반질반질 물고기 접기에 ☐ **고입니다.** 최 | 채

④ 한 장 크기가 책상만 ☐ **니다.** 합 | 함

⑤ 소낙비를 막아 주는 우산도 접을 수 **있** ☐ **요.** 써 | 어

⑥ 오늘 안 사면 **후** ☐ **합니다!** 회 | 애

✅ 헷갈리는 띄어쓰기 연습하기

> '가', '만', '도'는 앞말과 붙여 쓰고 뒷말과는 띄어 써야 해요.

☆ <u>색종이가새로</u> ➜ 색 ☐☐☐☐☐☐☐

☆ <u>책상만합니다.</u> ➜ 책 ☐☐☐☐☐☐☐ .

☆ <u>우산도접을 수</u> ➜ 우 ☐☐☐☐☐☐ 수

🖌 바르게 쓴 6칸을 찾아 색칠하여 자음을 찾아보세요.

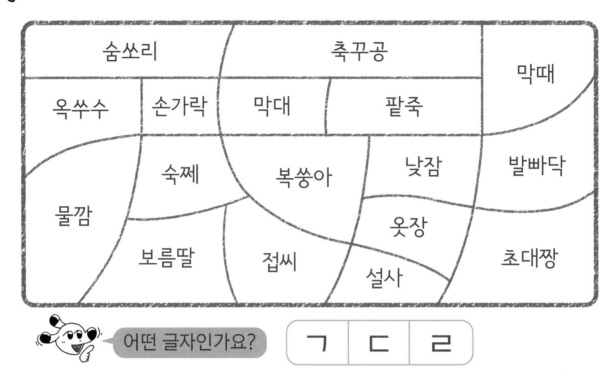

숨쏘리		축꾸공		막때
옥쑤수	손가락	막대	팥죽	
물깜	숙쩨	복쑹아	낮잠	발빠닥
			옷장	초대짱
	보름딸	접씨	설사	

어떤 글자인가요? ㄱ ㄷ ㄹ

🖌 바르게 쓴 6칸을 찾아 색칠하여 자음을 찾아보세요.

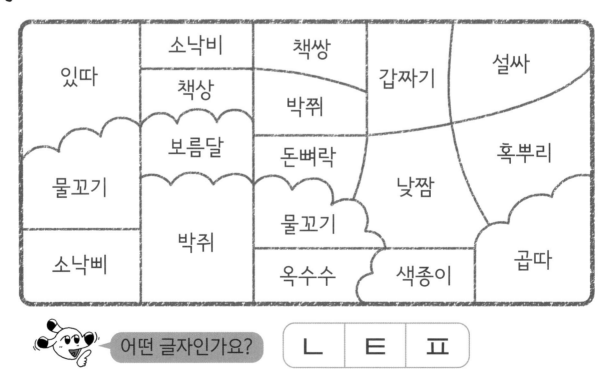

	소낙비	책쌍		설싸
있따	책상	박쮜	갑짜기	
물꼬기	보름달	돈뼈락	낮짬	혹뿌리
		물꼬기		곱따
소낙삐	박쥐	옥수수	색종이	

어떤 글자인가요? ㄴ ㅌ ㅍ

✏️ **알맞은 낱말을 골라서 쓰세요.**

① 읽으면 누구나 [   ] 웃는 글은? 　　즐겁게　｜　즐겁께

② [   ] 주무시다가 깜박하지 마세요. 　　낮잠　｜　낮짬

③ 새 [   ] 을 갖고 싶다는 소원? 　　옷짱　｜　옷장

④ 땀을 흘리면 [   ] 이 작아지는 것은? 　　몸찝　｜　몸집

⑤ [   ] 송아지 엉덩이에 뿔 난다 　　못된　｜　못띈

✅ **밑줄 친 부분의 띄어쓰기를 바르게 한 것에 V표를 하세요.**

⭐
☐ 쥐 <u>는쥐인데</u> 날아다니는 쥐는?
☐ <u>쥐는 쥐인데</u> 날아다니는 쥐는?

⭐
☐ 우리 집에서 <u>물감 으로그림</u> 그릴래?
☐ 우리 집에서 <u>물감으로 그림</u> 그릴래?

⭐
☐ 맛있는 과일과 <u>팥죽을 준비했어요.</u>
☐ 맛있는 과일과 <u>팥죽 을준비했어요.</u>

⭐
☐ 뛰는 놈 <u>위 에나는</u> 놈 있다
☐ 뛰는 놈 <u>위에 나는</u> 놈 있다

⭐
☐ 여러분, 신기한 <u>색종이가 새로</u> 나왔어요!
☐ 여러분, 신기한 <u>색종이 가새로</u> 나왔어요!

내용 듣기

🎧 잘 듣고 낱말을 정확하게 쓰세요.

(QR코드를 찍어 들려주거나 맨 뒷장을 보고 불러 주세요.)

① ㅂ ㄹ 달

② 옷 ㅈ

③ ㅂ 쥐

④ ㅅ ㅅ ㄹ

⑤ ㅊ ㄱ ㄱ

⑥ ㅂ 등

⑦ ㅂ ㄴ ㄱ ㅁ

⑧ ㅊ ㄷ 장

⑨ 팔 ㅈ

⑩ ㅈ 시

⑪ ㄴ 잠

⑫ ㅁ 감

⑬ ㅇ 수 ㅅ

⑭ ㅂ 송 ㅇ

⑮ ㅁ ㄷ

⑯ ㅅ 종 ㅇ

✏️ 틀린 낱말은 한 번씩 더 써 보세요.

(QR코드를 찍어 들려주거나 맨 뒷장을 보고 불러 주세요.)

내용 듣기

1 버 쥐 기 　 나 ㄷ .

2 ㅊ ㄱ ㄱ ㅇ 　 찼 다 .

3 ㅂ ㅇ 　 ㄸ ㄱ ㄷ .

4 ㅈ ㅅ ㄹ 　 ㄸ ㄹ ㄷ .

5 끌 ㅇ 　 ㅇ ㄷ .

6 ㄱ ㅇ ㄷ 　 ㅎ ㄷ .

7 ㅇ ㄷ ㅇ ㅇ 　 뻐 　 ㄴ ㄷ .

8 책 ㅅ ㅁ 　 ㅎ ㄴ ㄷ .

9 ㄷ ㅅ ㅇ ㄹ 　 ㅁ 었 ㄷ .

10 ㅁ ㄱ ㅇ ㄹ 　 ㄱ ㄹ ㄷ .

둘째 마당

일기와 편지로
배우는 맞춤법

호 박사

첫째 마당은 재미있었나요?

어제 저의 외국인 친구 잭이 또 편지를 보냈어요.

> 그묘일에 우리가족이 너희 나라를 방문할 거야.

도대체 언제 온다는 말인지 잘 모르겠어요.

여러분이 둘째 마당을 열심히 공부해서 잭의 실수를 알려 주세요.

실수 1 그묘일 → 금요일   실수 2 우리가족이 → 우리 가족이

둘째 마당에서 집중 연습하는 받아쓰기

받침이 있는 글자 뒤에 'ㅇ'으로 시작하는 글자가 나올 때, 앞글자의 받침을 뒷글자의 첫 소리로 발음할 때가 있어요. 그렇지만 쓸 때는 소리 나는 대로 쓰지 말고 받침을 살려서 써야 해요.

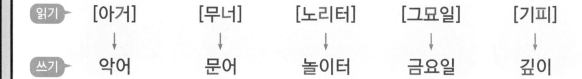

읽기 ▶	[아거]	[무너]	[노리터]	[그묘일]	[기피]
	↓	↓	↓	↓	↓
쓰기 ▶	악어	문어	놀이터	금요일	깊이

 **둘째 마당에서 집중 연습하는 띄어쓰기**

각각의 뜻이 있으면 띄어 써야 해요.

누가이길까?	(X)		악어를보았다.	(X)
↓			↓	
누가∨이길까?	(O)		악어를∨보았다.	(O)

11 고모의 결혼식

🔊 다음 글을 큰 소리로 두 번씩 읽어 보세요.

읽기 한번 두번

20○○년 5월 12일 금요일	날씨: 햇살이 따뜻

오늘 고모가 결혼을 했다.

고모부는 곰돌이처럼 생기셨다.

두 분의 직업은 군인이다.

그런데 근육은 고모가 더 많다.

힘자랑을 하면 누가 이길까?

✏️ 소리 나는 대로 쓰지 않는 말 읽고 쓰기

낱말	읽기	회색 글자만 쓰기	한 번 더 쓰기
금요일	[그묘일]	금요일	금요일
곰돌이	[곰:도리]	곰돌이	
직업	[지겁]	직업	
군인	[구닌]	군인	
근육	[그뉵]	근육	

🔍 잘 틀리는 낱말 연습하기

골라 쓰세요! 6

1. 날씨: ⬜ **살이 따뜻**　　헷　햇

2. 오늘 고모가 **결** ⬜ **을** 했다.　　혼　온

3. 고모부는 곰돌이처럼 ⬜ **기셨다.**　　셍　생

4. 두 **분** ⬜ **직업은 군인이다.**　　의　에

5. 그런데 근육은 고모가 더 ⬜ **다.**　　많　만

6. 힘자랑을 하면 누가 **이길** ⬜ **?**　　가　까

✅ 헷갈리는 띄어쓰기 연습하기

> '오늘'과 '고모가', '근육은'과 '고모가', '누가'와 '이길까'는 각각의 뜻이 있으므로 띄어 써야 해요.

☆ <u>오늘고모가</u> ➡ 오 | | | | | | | |

☆ <u>근육은고모가</u> ➡ 근 | | | | | | | |

☆ <u>누가이길까?</u> ➡ 누 | | | | | ?

 다음 글을 큰 소리로 두 번씩 읽어 보세요. 읽기 한번 두번

| 20○○년 8월 8일 토요일 | 날씨: 구름이 가득 |

우리 가족은 처음으로 수족관에 갔다.

먼저 무서운 악어를 보았다.

음악에 맞춰 춤을 추는 문어도 있었다.

다리가 정말로 여덟 개였다.

동생이 인어는 없냐고 물었다.

 소리 나는 대로 쓰지 않는 말 읽고 쓰기

낱말	읽기	회색 글자만 쓰기	한 번 더 쓰기
구름이	[구르미]	구름이	
악어	[아거]	악어	
음악	[으막]	음악	
문어	[무너]	문어	
인어	[이너]	인어	

🔍 잘 틀리는 낱말 연습하기

1 먼저 무서운 악어를 보 ⬜ 다. 앗

2 음악 ⬜ 맞춰 춤을 추는 문어도 있었다. 애 에

3 다리가 정말로 여덟 ⬜ **였다.** 개 게

4 동생이 인어는 ⬜ **냐고** 물었다. 엄 없

5 음악에 **맞** ⬜ 1) 춤을 추는 문어도 있었다. 춰 쳐

6 다리가 정말로 **여** ⬜ 개였다. 덟 덜

1) '맞춰'는 '맞추어'의 줄임말이에요.

✅ 헷갈리는 띄어쓰기 연습하기

'우리'와 '가족', '악어를'과 '보았다', '인어는'과 '없냐고'는 각각의 뜻이 있으므로 띄어 써야 해요.

☆ <u>우리가족은</u> ➜ 우

☆ <u>악어를보았다.</u> ➜ 악

☆ <u>인어는없냐고</u> ➜ 인

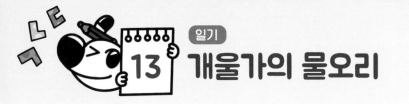

🔊 다음 글을 큰 소리로 두 번씩 읽어 보세요.

읽기 한 번 | 두 번

20○○년 10월 5일 일요일	날씨: 바람이 솔 솔

개울가를 걷다가 물오리를 보았다.

나는 반가워서 눈인사를 했다.

그런데 주변에는 쓰레기가 가득했다.

사람들이 마구잡이로 버렸나 보다.

만약 내가 물오리라면 기분이 어떨까?

✏️ 소리 나는 대로 쓰지 않는 말 읽고 쓰기

낱말	읽기	회색 글자만 쓰기	한 번 더 쓰기
물오리	[무로리]	물오리	
눈인사	[누닌사]	눈인사	
마구잡이	[마구자비]	마구잡이	
만약	[마:냑]	만약	
기분이	[기부니]	기분이	

🔍 잘 틀리는 낱말 연습하기

골라 쓰세요!

① ☐ 울가를 걷다가 물오리를 보았다. 　　게 ｜ 개

② 나는 ☐ 가워서 눈인사를 했다. 　　반 ｜ 방

③ 그런데 주변에는 쓰 ☐ 기가 가득했다. 　　래 ｜ 레

④ 사람들이 마구 ☐ 이로 버렸나 보다. 　　잖 ｜ 잡

⑤ 만약 ☐ 가 물오리라면 기분이 어떨까? 　　내 ｜ 네

⑥ 그런데 주변에는 쓰레기가 가 ☐ 했다. 　　득 ｜ 듣

✅ 헷갈리는 띄어쓰기 연습하기

'개울가를'과 '걷다가', '나는'과 '반가워서', '기분이'와 '어떨까'는 각각의 뜻이 있으므로 띄어 써야 해요.

☆ 개울가를걷다가 → 개 ☐ ☐ ☐ ☐ ☐ ☐ ☐ ☐

☆ 나는반가워서 → 나 ☐ ☐ ☐ ☐ ☐

☆ 기분이어떨까? → 기 ☐ ☐ ☐ ☐ ☐ ?

39

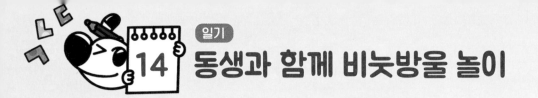

동생과 함께 비눗방울 놀이

🔊 다음 글을 큰 소리로 두 번씩 읽어 보세요.

읽기 한 번 두 번

| 20○○년 5월 10일 토요일 | 날씨: 하늘이 매우 맑음 |

놀이터에서 비눗방울을 불었다.

비눗방울이 하늘 높이 날아갔다.

어린이들이 몰려와서 구경을 했다.

누군가 손으로 방울 하나를 터뜨렸다.[1]

범인은 바로 내 동생이었다.

1) 터뜨리다: 터지게 하다. '터트리다'도 맞는 표현이에요.

✏️ 소리 나는 대로 쓰지 않는 말 읽고 쓰기

낱말	읽기	회색 글자만 쓰기	한 번 더 쓰기
놀이터	[노리터]	놀이터	
높이	[노피]	높이	
어린이	[어리니]	어린이	
손으로	[소느로]	손으로	
범인	[버:민]	범인	

🔍 잘 틀리는 낱말 연습하기

골라 쓰세요!

1 날씨: 하늘이 매우 ☐ 음 　　　　　　　　　　　 맑 말

2 놀이터에서 비 ☐ **방울**을 불었다. 　　　　 누 눗

3 비눗방울이 하늘 ☐ **이** 날아갔다. 　　　　　 놉 높

4 어린이들이 몰려와서 구경을 ☐ 다. 　　　　 헸 했

5 누군가 손으로 방울 하나를 **터뜨** ☐ 다. 　 렸 렷

6 범인은 바로 내 **동생이** ☐ 다.[1] 　　　　　 었 였

1) '였다'는 '이었다'의 줄임말이에요. 그래서 '이였다'는 잘못된 표현이에요. 다만, '지영이'+'였다'='지영이였다'로 써도 맞는 표현이에요.

✅ 헷갈리는 띄어쓰기 연습하기

> '하늘'과 '높이', '구경을'과 '했다', '방울'과 '하나를'은 각각의 뜻이 있으므로 띄어 써야 해요.

☆ <u>하늘높이</u> ➜ 하 ☐ ☐ ☐ ☐

☆ <u>구경을했다.</u> ➜ 구 ☐ ☐ ☐ ☐ ☐ .

☆ <u>방울하나를</u> ➜ 방 ☐ ☐ ☐ ☐ ☐

15 아빠가 만든 호떡

일기

🔊 다음 글을 큰 소리로 두 번씩 읽어 보세요.

읽기 한번 두번

| 20○○년 12월 10일 수요일 | 날씨: 찬바람 쌩쌩 |

아빠가 크림이 들어간 호떡을 만드셨다.

우리는 왠지 불안했다.

아빠가 만든 간식은 늘 맛이 없었기 때문이다.

한입 먹은 뒤 분위기가 좋아졌다.

둘이 먹다 하나 죽어도 모를 만큼 맛있었다.

✏️ 소리 나는 대로 쓰지 않는 말 읽고 쓰기

낱말	읽기	회색 글자만 쓰기	한 번 더 쓰기
들어간	[드러간]	들어간	
불안	[부란]	불안	
맛이	[마시]	맛이	
분위기	[부뉘기]	분위기	
죽어도	[주거도]	죽어도	

🔍 잘 틀리는 낱말 연습하기

① 날씨: 찬바람 ☐☐　　　쌩쌩 ｜ 쌩쌩

② 아빠가 크림이 들어간 ☐ **떡을** 만드셨다.　　　호 ｜ 홋

③ 우리는 ☐ **지**¹⁾ 불안했다.　　　왠 ｜ 웬

④ 아빠가 만든 간식은 늘 맛이 없었기 ☐ **문이다.**　　　떄 ｜ 때

⑤ 한 ☐ 먹은 뒤 분위기가 좋아졌다.　　　잎 ｜ 입

⑥ 둘이 먹다 하나 죽어도 모를 ☐ **큼** 맛있었다.　　　만 ｜ 많

1) '왠지'는 '왜'에 '(이)ㄴ지'를 합친 말이에요. 예) 왠지 마음이 불안하다.
   '웬'은 '어찌 된, 어떤'을 뜻하며, 뒤에 다양한 단어가 붙어요. 예) 웬 떡이니?

✅ 헷갈리는 띄어쓰기 연습하기

> '크림이'와 '들어간', '아빠가'와 '만든', '죽어도'와 '모를'은 각각의 뜻이 있으므로 띄어 써야 해요.

☆ <u>크림이들어간</u> 호떡 → ☐크☐☐☐☐☐☐☐☐☐ 호떡

☆ <u>아빠가만든</u> 간식 → ☐아☐☐☐☐☐☐ 간식

☆ <u>죽어도모를</u> 만큼 → ☐죽☐☐☐☐☐☐ 만큼

43

🔊 다음 글을 큰 소리로 두 번씩 읽어 보세요.

읽기 | 한 번 | 두 번

지우개야, 길이가 처음보다 많이 줄었구나.

몸에 때도 많이 탔구나.

이제부터는 내가 단어를 더 정확하게 쓸게.

받아쓰기할 때도 조심할게.

앞으로 나랑 오래오래 같이 살자.

마음 착한 너의 주인이

 소리 나는 대로 쓰지 않는 말 읽고 쓰기

낱말	읽기	회색 글자만 쓰기	한 번 더 쓰기
길이	[기리]	길이	
몸에	[모메]	몸에	
단어	[다너]	단어	
받아쓰기	[바다쓰기]	받아쓰기	
앞으로	[아프로]	앞으로	

🔍 잘 틀리는 낱말 연습하기

① **지우** [　] **야**, 길이가 처음보다 많이 줄었구나.   [게][개]

② 몸에 [　] **도** 많이 탔구나.   [때][떼]

③ 이제부터는 내가 단어를 더 **정** [　] **하게** 쓸게.   [확][왁]

④ 받아쓰기할 [　] **도** 조심할게.   [떼][때]

⑤ 앞으로 나랑 오래오래 [　][　] 살자.   [가치][같이]

⑥ 마음 착한 **너** [　] 주인이   [에][의]

✓ 헷갈리는 띄어쓰기 연습하기

> '많이'와 '줄었구나', '내가'와 '단어를', '같이'와 '살자'는 각각의 뜻이 있으므로 띄어 써야 해요.

☆ 많이줄었구나. ➡ 많[　][　][　][　][　][　][　].

☆ 내가단어를 ➡ 내[　][　][　][　][　]

☆ 오래오래 같이살자. ➡ 오래오래 같[　][　][　][　][　].

45

보고 싶은 할머니께

🔊 다음 글을 큰 소리로 두 번씩 읽어 보세요.

읽기 | 한 번 | 두 번

할머니, 정말 보고 싶어요.

낙엽이 지는 시골 언덕도 그리워요.

키우시던 산양은 새끼를 낳았나요?

제가 심은 선인장은 잘 자라고요?

추석 때 만나면 녹음한 노래를

들려 드릴게요.

사랑하는 손녀 드림[1]

1) 웃어른에게 편지를 쓸 때는 '드림' 또는 '올림' 등의 표현을 사용해요.

✏️ 소리 나는 대로 쓰지 않는 말 읽고 쓰기

낱말	읽기	회색 글자만 쓰기	한 번 더 쓰기
싶어요	[시퍼요]	싶어요	
낙엽	[나겹]	낙엽	
산양	[사냥]	산양	
선인장	[서닌장]	선인장	
녹음	[노금]	녹음	

🔍 잘 틀리는 낱말 연습하기

① 할머니, 정말 보고 [ ]**어요**. | 십 | 싶 |

② **낙**[ ]**이** 지는 시골 언덕도 그리워요. | 옆 | 엽 |

③ 키우시던 산양은 새끼를 [ ]**았나요**? | 낳 | 나 |

④ [ ]**가** 심은 선인장은 잘 자라고요? | 재 | 제 |

⑤ 추석 때 만나면 녹음한 **노**[ ]**를** 들려 드릴게요. | 래 | 레 |

⑥ 사랑하는 손녀 [ ][ ] | 들임 | 드림 |

✅ 헷갈리는 띄어쓰기 연습하기

> '시골'과 '언덕도', '제가'와 '심은', '추석'과 '때'는 각각의 뜻이 있으므로 띄어 써야 해요.

☆ <u>시골언덕도</u> 그리워요. → [시][ ][ ][ ][ ][ ][ ][ ] 그리워요.

☆ <u>제가심은</u> 선인장은 → [제][ ][ ][ ][ ] 선인장은

☆ <u>추석때</u> 만나면 → [추][ ][ ][ ] 만나면

🔊 다음 글을 큰 소리로 두 번씩 읽어 보세요. | 읽기 한번 두번

세종 대왕님! 한글을 만들어 주셔서 감사합니다.

저는 목요일마다 국어 공부를 해요.

그런데 발음이 어려운 낱말은 자꾸 틀려요.

엄마한테 혼날까 봐 식은땀도 나요.

엄마 얼굴에서 웃음이 사라지지 않게 도와주세요.

세종초등학교 우등생 드림

ㄱㄴㄷㄹㅁㅂㅅㅇㅈㅊㅌㅍㅎ

 소리 나는 대로 쓰지 않는 말 읽고 쓰기

낱말	읽기	회색 글자만 쓰기	한 번 더 쓰기
목요일	[모교일]	목요일	
국어	[구거]	국어	
발음	[바름]	발음	
식은땀	[시근땀]	식은땀	
웃음	[우슴]	웃음	

🔍 잘 틀리는 낱말 연습하기

골라 쓰세요!

1. ☐☐ 종 대왕님! 한글을 만들어 주셔서 감사합니다.   새 / 세

2. 저는 목요일마다 국어 공부를 ☐☐ 요.   해 / 헤

3. 그런데 발음이 어려운 ☐☐ **말은** 자꾸 틀려요.   난 / 낱

4. 엄마한테 혼날까 ☐☐ 식은땀도 나요.   봐 / 바

5. 엄마 얼굴에서 웃음이 사라지지 않게 **도**☐☐ **주세요.**   아 / 와

6. 세종초등학교 **우등** ☐☐ 드림   생 / 셍

✓ 헷갈리는 띄어쓰기 연습하기

'국어'와 '공부를', '발음이'와 '어려운', '엄마'와 '얼굴에서'는 각각의 뜻이 있으므로 띄어 써야 해요.

☆ <u>국어공부를 해요.</u> → 국 ☐☐☐☐☐☐ 해요.

☆ <u>발음이어려운 낱말</u> → 발 ☐☐☐☐☐☐☐ 낱말

☆ <u>엄마얼굴에서</u> → 엄 ☐☐☐☐☐☐

🔊 다음 글을 큰 소리로 두 번씩 읽어 보세요.

읽기 한 번 | 두 번

형! 내가 입원했을 때 돌봐 줘서 고마워.

속옷도 갈아입혀 주고, 정말 감동했어.

형도 나처럼 뛰다가 넘어지지 않게 조심해.

내가 걸음 연습도 열심히 할게.

다 나으면 나랑 같이 축구하자.

귀염둥이 동생이

✏️ 소리 나는 대로 쓰지 않는 말 읽고 쓰기

낱말	읽기	회색 글자만 쓰기	한 번 더 쓰기
입원	[이붠]	입원	
속옷	[소ː곧]	속옷	
넘어지지	[너머지지]	넘어지지	
걸음	[거름]	걸음	
같이	[가치]	같이	

🔍 잘 틀리는 낱말 연습하기

① 형! 내가 입원했을 때 **돌** ⬚ 줘서 고마워. 바 봐

② 속옷도 갈아입혀 주고, 정말 **감동** ⬚ **어.** 했 헀

③ 형도 나처럼 ⬚ **다가** 넘어지지 않게 조심해. 띠 뛰

④ 내가 걸음 연습도 **열심** ⬚ 할게. 이 히

⑤ 다 나으면 나랑 **같** ⬚ 축구하자. 히 이

⑥ 형도 나처럼 뛰다가 넘어지지 **않** ⬚ 조심해. 게 개

✅ 헷갈리는 띄어쓰기 연습하기

> '형도'와 '나처럼', '걸음'과 '연습도', '나랑'과 '같이'는 각각의 뜻이 있으므로 띄어 써야 해요.

☆ <u>형도나처럼</u> 뛰다가 ➡ 형 ⬚⬚⬚⬚⬚ 뛰다가

☆ <u>걸음연습도</u> 열심히 할게. ➡ 걸 ⬚⬚⬚⬚⬚ 열심히 할게.

☆ <u>나랑같이</u> 축구하자. ➡ 나 ⬚⬚⬚⬚ 축구하자.

🔊 다음 글을 큰 소리로 두 번씩 읽어 보세요.

읽기 | 한번 | 두번

북극곰아! 너는 추위에 어떻게 적응한 거니?

먹이로는 무엇을 먹니?

어떻게 얼음 위에서 안 미끄러지니?

아주 작은 소리는 어떻게 듣는 거야?

넌 정말 겨울잠이 필요 없니? 꼭 답장해 줘.

대한민국의 씩씩한 어린이가

✏️ 소리 나는 대로 쓰지 않는 말 읽고 쓰기

낱말	읽기	회색 글자만 쓰기	한 번 더 쓰기
적응	[저긍]	적응	
먹이	[머기]	먹이	
얼음	[어:름]	얼음	
작은	[자:근]	작은	
필요	[피료]	필요	

🔍 잘 틀리는 낱말 연습하기

골라 쓰세요!

① 북극곰아! 너는 추위에 **어** ☐ 게 적응한 거니?   떳 떡

② 먹이로는 무엇을 ☐ 니?   멍 먹

③ 어떻게 얼음 위에서 안 **미** ☐ 러지니?   끄 끌

④ 아주 작은 소리는 어떻게 ☐ 는 거야?   듣 든

⑤ 넌 정말 겨울잠이 필요 ☐ 니?   엄 없

⑥ 꼭 답장해 ☐ .   죠 줘

✅ 헷갈리는 띄어쓰기 연습하기

'무엇을'과 '먹니', '얼음'과 '위에서', '어떻게'와 '듣는'은 각각의 뜻이 있으므로 띄어 써야 해요.

★ 무엇을먹니? → 무 ☐☐☐☐☐☐ ?

★ 얼음위에서 → 얼 ☐☐☐☐☐

★ 어떻게듣는 거야? → 어 ☐☐☐☐☐☐ 거야?

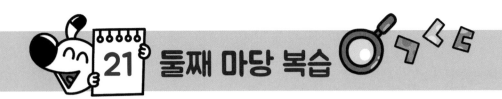
🖌️ 바르게 쓴 6칸을 찾아 색칠하여 자음을 찾아보세요.

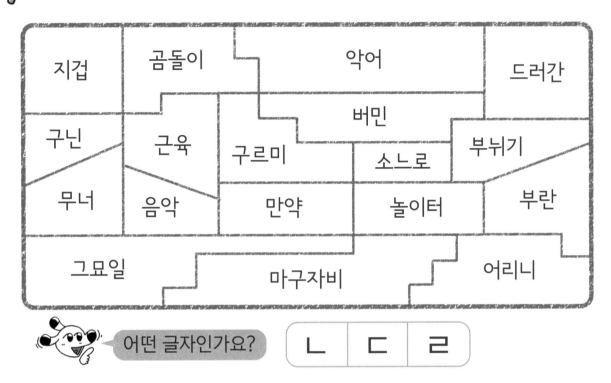

지겁	곰돌이	악어	드러간
구닌	근육	버민	부뉘기
		구르미	소느로
무너	음악	만약	놀이터	부란
그묘일		마구자비	어리니

어떤 글자인가요? ㄴ ㄷ ㄹ

🖌️ 바르게 쓴 6칸을 찾아 색칠하여 자음을 찾아보세요.

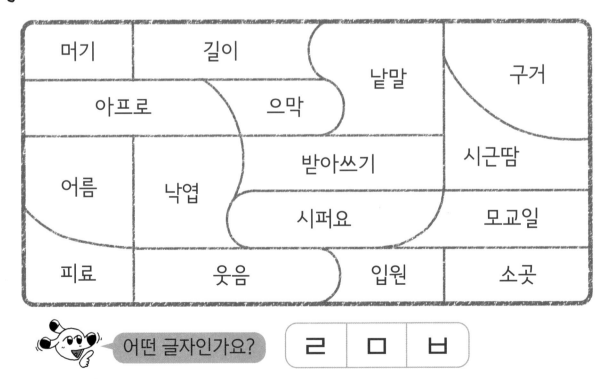

머기	길이	낱말	구거
아프로	으막		
어름	낙엽	받아쓰기	시근땀
		시퍼요	모교일
피료	웃음	입원	소곳

어떤 글자인가요? ㄹ ㅁ ㅂ

✏️ **알맞은 낱말을 골라서 쓰세요.**

골라 쓰세요!

① 먼저 무서운 악어를 [   ].

보았다 / 보앗다

② 나는 [   ] 눈인사를 했다.

방가워서 / 반가워서

③ 우리는 [   ] 불안했다.

왠지 / 웬지

④ 키우시던 산양은 [   ]를 낳았나요?

세끼 / 새끼

⑤ 걸음 연습도 [   ] 할게.

열심히 / 열심이

✅ **밑줄 친 부분의 띄어쓰기를 바르게 한 것에 V표를 하세요.**

⭐
- ☐ 우리가 족은 처음으로 수족관에 갔다.
- ☐ 우리 가족은 처음으로 수족관에 갔다.

⭐
- ☐ 만약 내가 물오리라면 기분이어 떨까?
- ☐ 만약 내가 물오리라면 기분이 어떨까?

⭐
- ☐ 길이가 처음보다 많이줄 었구나.
- ☐ 길이가 처음보다 많이 줄었구나.

⭐
- ☐ 형도나 처럼 뛰다가 넘어지지 않게 조심해.
- ☐ 형도 나처럼 뛰다가 넘어지지 않게 조심해.

⭐
- ☐ 누군가 손으로 방울 하나를 터뜨렸다.
- ☐ 누군가 손으로 방울하나를 터뜨렸다.

내용 듣기

🎧 **잘 듣고 낱말을 정확하게 쓰세요.**

(QR코드를 찍어 들려주거나 맨 뒷장을 보고 불러 주세요.)

1 금 ☐ ☐

2 ☐ 업 ☐

3 ☐ 원 ☐

4 ☐ 육 ☐

5 웃 ☐

6 ㅅ ☐ ☐

7 ☐ 약 ☐

8 ☐ 음

9 ☐ 음

10 ☐ 요

11 ☐ 음

12 ☐ 음

13 ☐ 음

14 ☐ 의

15 ☐ 안

16 ☐ 돌

✏️ **틀린 낱말은 한 번씩 더 써 보세요.**

잘 듣고 띄어쓰기에 신경 쓰며 정확하게 쓰세요.
(QR코드를 찍어 들려주거나 맨 뒷장을 보고 불러 주세요.)

1 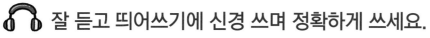 .

2  ?

3  .

4  ?

5 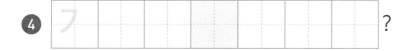 .

6  .

7  .

8

9

10

동시로
배우는 맞춤법

호 박사

오늘은 제 친구 잭에게 이런 문자 메시지를 받았어요.

 사라야! 그 이상한 바지 진짜로입을 거니?
너의 송마음을 알고 싶어.

맞춤법과 띄어쓰기가 제대로 되어 있지 않으니, 무슨 뜻인지 잘 모르겠어요.
셋째 마당을 공부한 후 잭의 문자 메시지에서 잘못된 부분을 알려 주세요.

실수 1 진짜로입을 → 진짜로 입을   **실수 2** 송마음을 → 속마음을

셋째 마당에서 집중 연습하는 받아쓰기

뒷글자의 첫소리 때문에 앞글자의 받침이 완전히 다르게 소리 날 때가 있어요. 그렇지만 쓸 때는 소리 나는 대로 쓰지 않고 말의 뜻을 생각하면서 받침을 써야 해요.

		쓰기	읽기
뒷글자의 첫소리가 ㄴ, ㅁ일 때	앞글자의 ㄱ 받침(ㄱ, ㄲ, ㅋ, ㄳ, ㄺ)이 [ㅇ]으로 소리 나요.	국물 →	[궁물]
	앞글자의 ㄷ 받침(ㄷ, ㅅ, ㅆ, ㅈ, ㅊ, ㅌ, ㅎ)이 [ㄴ]으로 소리 나요.	묻는다 →	[문는다]
	앞글자의 ㅂ 받침(ㅂ, ㅍ, ㄼ, ㄿ, ㅄ)이 [ㅁ]으로 소리 나요.	입맛 →	[임맏]
뒷글자의 첫소리가 ㄹ일 때	앞글자의 ㄴ 받침이 [ㄹ]로 소리 나요.	편리 →	[펼리]

셋째 마당에서 집중 연습하는 띄어쓰기

꾸며 주는 낱말과 꾸밈을 받는 낱말 사이는 띄어 써야 해요.

커다란벚나무   (X)   자꾸자꾸묻는다.   (X)

↓   ↓

커다란∨벚나무   (O)   자꾸자꾸∨묻는다.   (O)

※ 각각의 뜻이 있으므로 띄어 써야 한다고 설명할 수도 있어요.(둘째 마당식 설명)

🔊 다음 글을 큰 소리로 두 번씩 읽어 보세요.

읽기 한번 두번

뒷마당 한가운데

커다란 벚나무

꽃망울도 올망졸망 많다.

아무도 모르게 뒷문으로

어느새 봄이 슬쩍 와 있네.

✏️ 소리 나는 대로 쓰지 않는 말 읽고 쓰기

낱말	읽기	회색 글자만 쓰기	한 번 더 쓰기
뒷마당	[뒨ː마당]	뒷마당	뒷마당
벚나무	[번나무]	벚나무	
꽃망울	[꼰망울]	꽃망울	
뒷문	[뒨ː문]	뒷문	
있네	[인네]	있네	

잘 틀리는 낱말 연습하기

골라 쓰세요!

① ☐ **마당** 한가운데 　　　뒤 　뒷

② 커다란 ☐ **나무** 　　　벗 　벚

③ ☐ **망울도** 올망졸망 많다. 　　　꼿 　꽃

④ 아무도 **모르** ☐ 뒷문으로 　　　게 　개

⑤ 어느새 봄이 슬쩍 와 ☐ 네. 　　　잇 　있

⑥ 꽃망울도 올망졸망 ☐ 다. 　　　많 　만

헷갈리는 띄어쓰기 연습하기

'커다란'은 '벚나무'를 '올망졸망'은 '많다'를, '슬쩍'은 '와'를 꾸며 주니까 띄어 써야 해요.

☆ 커다란벚나무 ➜ | 커 | | | | | | | | |

☆ 올망졸망많다 ➜ | 올 | | | | | | | | | .

☆ 봄이 슬쩍와 있네 ➜ 봄이 | 슬 | | | | 있네.

61

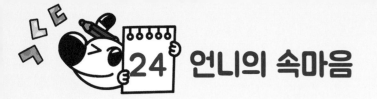

24 언니의 속마음

📢) 다음 글을 큰 소리로 두 번씩 읽어 보세요.   읽기 한번 두번

엄마가 방금 해 주신

맛있는 떡볶이

입맛이 없다던 언니가

국물은 남기라 하네.

입맛이 있는 건가 없는 건가

헷갈리는 언니의 속마음

 소리 나는 대로 쓰지 않는 말 읽고 쓰기

낱말	읽기	회색 글자만 쓰기	한 번 더 쓰기
입맛	[임맏]	입맛	
국물	[궁물]	국물	
있는	[인는]	있는	
없는	[엄ː는]	없는	
속마음	[송ː마음]	속마음	

잘 틀리는 낱말 연습하기

골라 쓰세요!

1. 엄마가 방금 ☐ 주신 　　　　　　　헤 / 해

2. 맛 ☐ 는 떡볶이 　　　　　　　　　있 / 인

3. 입맛이 **없다** ☐ 언니가 　　　　　든 / 던

4. 입맛이 있는 건가 ☐ 는 건가 　　없 / 업

5. ☐ 갈리는 언니의 속마음 　　　　해 / 헷

6. 맛있는 **떡** ☐ 이 　　　　　　　　복 / 볶

헷갈리는 띄어쓰기 연습하기

'방금'은 '해'를, '맛있는'은 '떡볶이'를, '언니의'는 '속마음'을 꾸며 주니까 띄어 써야 해요.

☆ <u>방금해</u> 주신 ➜ 방 ☐☐☐☐ 주신

☆ <u>맛있는떡볶이</u> ➜ 맛 ☐☐☐☐☐☐☐

☆ <u>언니의속마음</u> ➜ 언 ☐☐☐☐☐☐☐

25 어지러운 회전목마

 다음 글을 큰 소리로 두 번씩 읽어 보세요.

읽기 한번 두번

빙빙 도는 회전목마

"너는 재미없니?"

친구들이 자꾸자꾸 묻는다.

너희는 신나서 난리 났구나?

멀미하는 나에겐 끔찍한 악몽[1] 같다.

1) 악몽: 무서운 꿈

✏️ 소리 나는 대로 쓰지 않는 말 읽고 쓰기

낱말	읽기	회색 글자만 쓰기	한 번 더 쓰기
회전목마	[회전몽마]	회전목마	
재미없니	[재미엄니]	재미없니	
묻는다	[문는다]	묻는다	
난리	[날ː리]	난리	
악몽	[앙몽]	악몽	

🔍 잘 틀리는 낱말 연습하기

골라 쓰세요!

1. 빙빙 도는 ☐☐ 전목마 　　　　　해 │ 회

2. "너는 ☐☐ 미없니?" 　　　　　재 │ 제

3. ☐☐ 구들이 자꾸자꾸 묻는다. 　칭 │ 친

4. 너 ☐☐ 는 신나서 　　　　　　히 │ 희

5. 난리 ☐☐ 구나? 　　　　　　　났 │ 낳

6. 멀미하는 나에겐 끔찍한 악몽 ☐☐ 다. 　갔 │ 같

✅ 헷갈리는 띄어쓰기 연습하기

'빙빙'은 '도는'을, '자꾸자꾸'는 '묻는다'를, '끔찍한'은 '악몽'을 꾸며 주니까 띄어 써야 해요.

☆ <u>빙빙도는</u> 회전목마 ➜ 빙 ☐☐☐☐☐ 　회전목마

☆ <u>자꾸자꾸묻는다.</u> ➜ 자 ☐☐☐☐☐☐☐☐☐ .

☆ <u>끔찍한악몽같다.</u> ➜ 끔 ☐☐☐☐☐☐ 　같다.

26 꽃무늬 잠옷

🔊 다음 글을 큰 소리로 두 번씩 읽어 보세요.

누나가 양보한 꽃무늬 잠옷

엄마의 첫마디는 귀여운 잠옷이네.

아빠의 첫마디는 편리한 단추가 달렸네.

막내의 첫마디는 내 속을 긁는다.

형! 진짜로 입을 마음이 있는 건 아니지?

✏️ 소리 나는 대로 쓰지 않는 말 읽고 쓰기

낱말	읽기	회색 글자만 쓰기	한 번 더 쓰기
꽃무늬	[꼰무니]	꽃무늬	
첫마디	[천마디]	첫마디	
편리	[펼리]	편리	
달렸네	[달련네]	달렸네	
긁는다	[긍는다]	긁는다	

🔍 잘 틀리는 낱말 연습하기

① 누나가 양보한 ☐ **무늬** 잠옷

꽃 / 꼿

② 엄마의 첫마디는 귀여운 **잠**☐**이네.**

온 / 옷

③ **아빠**☐ 첫마디는 편리한 단추가 달렸네.

의 / 에

④ 막내의 첫마디는 내 속을 ☐**는다.**

극 / 긁

⑤ 누나가 양보한 **꽃무**☐ 잠옷

늬 / 니

⑥ 형! **진짜**☐ 입을 마음이 있는 건 아니지?

루 / 로

✅ 헷갈리는 띄어쓰기 연습하기

'귀여운'은 '잠옷'을, '편리한'은 '단추'를, '진짜로'는 '입을'을 꾸며 주니까 띄어 써야 해요.

☆ <u>귀여운잠옷이네.</u> → 귀 [ ] [ ] [ ] [ ] [ ] [ ] [ ] [ ] [ ] .

☆ <u>편리한단추가</u> → 편 [ ] [ ] [ ] [ ] [ ] [ ]

☆ <u>진짜로입을 마음이</u> → 진 [ ] [ ] [ ] [ ] [ ] 마음이

🔊 다음 글을 큰 소리로 두 번씩 읽어 보세요.

읽기 한번 두번

참새야, 어디로 갔니?

빗물 한가득 받아 놨는데

콩알 넉넉히 뿌려 놨는데

목마른 거 아니었니?

배고픈 거 아니었니?

왜 아직 온다는 소식이 없니?

✏️ 소리 나는 대로 쓰지 않는 말 읽고 쓰기

낱말	읽기	회색 글자만 쓰기	한 번 더 쓰기
갔니	[간니]	갔니	
빗물	[빈물]	빗물	
목마른	[몽마른]	목마른	
아니었니	[아니언니]	아니었니	
없니	[엄:니]	없니	

68

🔍 잘 틀리는 낱말 연습하기

골라 쓰세요! ⓑ

① 참 [ ] 야, 어디로 갔니? 　　　　세 　새

② 빗물 한가득 [ ] 아 났는데 　　　밭 　받

③ 콩알 넉넉히 뿌려 [ ] 는데 　　　났 　낳

④ 목마른 거 아니 [ ] 니? 　　　　얹 　었

⑤ [ ] 고픈 거 아니었니? 　　　　베 　배

⑥ [ ] 아직 온다는 소식이 없니? 　　왜 　웨

✅ 헷갈리는 띄어쓰기 연습하기

> '한가득'은 '받아'를, '넉넉히'는 '뿌려'를, '온다는'은 '소식'을 꾸며 주니까 띄어 써야 해요.

☆ 한가득받아 났는데 ➜ 한 [　　　　　　　] 났는데

☆ 넉넉히뿌려 났는데 ➜ 넉 [　　　　　　　] 났는데

☆ 온다는소식이 없니? ➜ 온 [　　　　　　　] 없니?

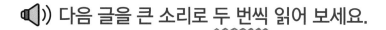 다음 글을 큰 소리로 두 번씩 읽어 보세요.

수박을 먹는 동안

총싸움을 신나게 한다.

까만 수박씨를 뱉으며

윗니와 아랫니 사이로 두두두 두두두

어머나! 엄마의 얼굴에 붙었네.

이러면 정말 곤란한데…….

 소리 나는 대로 쓰지 않는 말 읽고 쓰기

낱말	읽기	회색 글자만 쓰기	한 번 더 쓰기
먹는	[멍는]	먹는	
윗니	[윈니]	윗니	
아랫니	[아랜니]	아랫니	
붙었네	[부턴네]	붙었네	
곤란	[골:란]	곤란	

🔍 잘 틀리는 낱말 연습하기

① 총싸움을 **신나** [　] 한다.   개   게

② 까만 수박씨를 [　] **으며**   뱉   뱃

③ [　] **니와** 아랫니 사이로 두두두 두두두   윗   윗

④ 어머나! 엄마의 얼굴에 [　] **었네.**   붇   붙

⑤ 이러면 정말 **곤란한** [　] …….   데   대

⑥ 윗니와 **아** [　] **니** 사이로 두두두 두두두   랫   렛

✅ 헷갈리는 띄어쓰기 연습하기

> '신나게'는 '한다'를, '까만'은 '수박씨'를, '정말'은 '곤란한데'를 꾸며 주니까 띄어 써야 해요.

☆ 총싸움을 신나게한다. ➜ 총싸움을 [신][　][　][　][　][　][　][　] .

☆ 까만수박씨를 ➜ [까][　][　][　][　][　][　][　][　]

☆ 이러면 정말곤란한데 ➜ 이러면 [정][　][　][　][　][　][　][　]

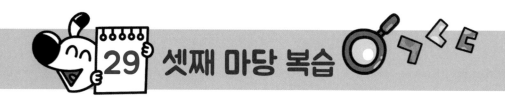

바르게 쓴 8칸을 찾아 색칠하여 자음을 찾아보세요.

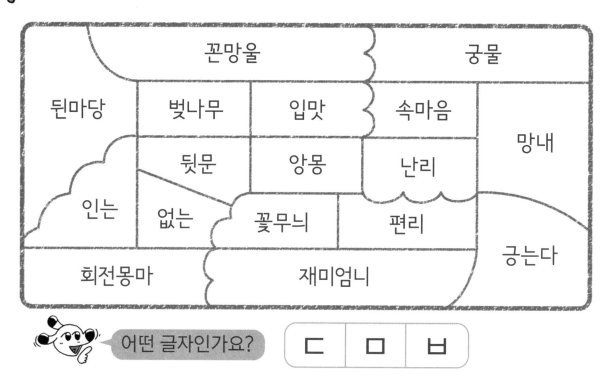

	꼰망울			궁물
뒨마당	벗나무	입맛	속마음	망내
	뒷문	앙몽	난리	
인는	없는	꽃무늬	편리	
회전몽마		재미엄니		긍는다

어떤 글자인가요? ㄷ ㅁ ㅂ

바르게 쓴 8칸을 찾아 색칠하여 자음을 찾아보세요.

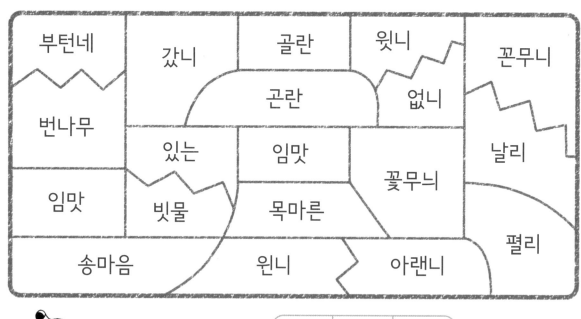

부턴네	갔니	골란	윗니	꼰무니
번나무		곤란	없니	
	있는	임맛		날리
임맛	빗물	목마른	꽃무늬	
송마음		윈니	아랜니	펼리

어떤 글자인가요? ㅂ ㅌ ㅍ

72

✏️ 알맞은 낱말을 골라서 쓰세요.

골라 쓰세요!

1 아무도 [　　　　　] 뒷문으로 　　　　모르개 ／ 모르게

2 맛있는 [　　　　　] 　　　　떡볶이 ／ 떢복기

3 [　　　　　] 언니의 속마음 　　　　헷갈리는 ／ 햇갈리는

4 까만 수박씨를 [　　　　　] 　　　　뱉으며 ／ 뱉으며

5 뒷마당 [　　　　　] 　　　　한가운데 ／ 한가운대

💬 밑줄 친 부분의 띄어쓰기를 바르게 한 것에 V표를 하세요.

⭐ ☐ 꽃망울도 올망졸망<u>많다</u>.
☐ 꽃망울도 <u>올망졸망 많다</u>.

⭐ ☐ 멀미하는 나에겐 끔찍한 <u>악몽같다</u>.
☐ 멀미하는 나에겐 끔찍한 <u>악몽 같다</u>.

⭐ ☐ 엄마의 첫마디는 <u>귀여운잠옷이네</u>.
☐ 엄마의 첫마디는 <u>귀여운 잠옷이네</u>.

⭐ ☐ 빗물 <u>한가득받아</u> 났는데
☐ 빗물 <u>한가득 받아</u> 났는데

⭐ ☐ 왜 아직 온다는 <u>소식이 없니</u>?
☐ 왜 아직 온다는 <u>소식이없니</u>?

내용 듣기

🎧 잘 듣고 낱말을 정확하게 쓰세요.

(QR코드를 찍어 들려주거나 맨 뒷장을 보고 불러 주세요.)

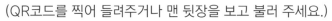

① ㅂ

② ㅇ

③ ㄱ

④ ㅅ

⑤ ㅎ

⑥ ㄴ

⑦ ㅇ

⑧ ㄲ

⑨ ㅊ

⑩ ㅍ

⑪ ㅂ

⑫ ㅁ

⑬ ㅇ

⑭ ㅇ

⑮ ㄱ

⑯ ㄱ

 틀린 낱말은 한 번씩 더 써 보세요.

🎧 잘 듣고 띄어쓰기에 신경 쓰며 정확하게 쓰세요.
(QR코드를 찍어 들려주거나 맨 뒷장을 보고 불러 주세요.)

1

2

3

4

5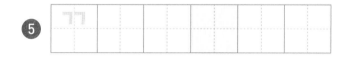

6

7

8

9

10

넷째 마당

이야기와 독서 감상문으로
배우는 맞춤법

오늘은 잭이 이런 문자 메시지를 보냈어요.

 너희 집 부억에서 요리할수 있을까?

제 친구가 외국인이라서 그런지 맞춤법이 정말 약하네요.

밑줄 친 부분의 실수를 바로 알아볼 수 있도록 넷째 마당 공부를 시작해 볼까요?

실수 1 부억 → 부엌　실수 2 요리할수 → 요리할 수

넷째 마당에서 집중 연습하는 받아쓰기

한글에서 받침 소리는 [ㄱ], [ㄴ], [ㄷ], [ㄹ], [ㅁ], [ㅂ], [ㅇ] 이렇게 일곱 가지가 있어요.
그런데 같은 소리가 나는 받침이 여러 가지여서 헷갈릴 수 있으니 주의해야 해요.

ㄱ	ㄲ	ㅋ	ㄳ	ㄺ		
식구	깎다	부엌	몫	까닭		→ 받침이 [ㄱ]으로 소리 나요.
ㄴ	ㄵ	ㄶ				
잔치	앉다	않다				→ 받침이 [ㄴ]으로 소리 나요.
ㄷ	ㅅ	ㅆ	ㅈ	ㅊ	ㅌ	
걷다	웃다	있다	낮다	빛	밑	→ 받침이 [ㄷ]으로 소리 나요.
ㄹ	ㄻ	ㄾ	ㅀ			
빙글	여덟	핥다	끓다			→ 받침이 [ㄹ]로 소리 나요.
ㅁ	ㄻ					
목숨	닮다					→ 받침이 [ㅁ]으로 소리 나요.
ㅂ	ㅄ	ㅍ				
반납	값	싶다				→ 받침이 [ㅂ]으로 소리 나요.
ㅇ	ㄱ	ㅋ	ㄺ			
사냥	국민	부엌문	늙는			→ 받침이 [ㅇ]으로 소리 나요.

받침이 내는 소리는 딱 7가지뿐!

 ## 넷째 마당에서 집중 연습하는 띄어쓰기

의존 명사인 듯, 채, 즈음, 둥, 때문, 개, 등, 수, 것, 대로 등은 앞말과 띄어 써야 해요.

 놀부는 귀찮은듯 말했다. (X)
↓
놀부는 귀찮은V듯 말했다. (O)

 그럴수 있을까? (X)
↓
그럴V수 있을까? (O)

※ 의존 명사: 뜻이 형식적이어서 다른 말 아래에 기대어 쓰이는 명사

이야기 31 **흥부와 놀부**

🔊 다음 글을 큰 소리로 두 번씩 읽어 보세요.

"아우가 까닭 없이 올 리는 없고 무슨 일로 찾아왔나?"

형 놀부는 귀찮은 듯 말했어요.

동생 흥부는 울먹이며 말했어요.

"온 식구가 굶고 있어요.

부모님이 남겨 주신 제 몫을 주세요."

그러자 놀부의 아내가 밥주걱을 든 채 부엌에서 나왔어요.

 받침이 [ㄱ]으로 소리 나는 말 읽고 쓰기

낱말	읽기	회색 글자만 쓰기	한 번 더 쓰기
까닭	[까닥]	까닭	까닭
식구	[식꾸]	식구	
몫	[목]	몫	
밥주걱	[밥쭈걱]	밥주걱	
부엌	[부억]	부엌	

※ ㄱ, ㄺ, ㄳ, ㅋ 받침은 모두 [ㄱ] 소리가 나요. 그래서 [ㄱ] 소리가 나는 받침을 쓸 때는 주의해야 해요.

🔍 잘 틀리는 낱말 연습하기

골라 쓰세요!

1 까닭 없이 올 리는 없고 무슨 일로 [　] **아왔나?**   　찼 / 찾

2 형 놀부는 귀 [　] 은 듯 말했어요.   　찬 / 찮

3 온 식구가 [　] 고 있어요.   　굶 / 굼

4 부모님이 남겨 주신 [　] 몫을 주세요.   　제 / 재

5 놀부의 아내가 밥주걱을 든 [　]   　채 / 체

6 부 [　] 에서 나왔다.   　억 / 역

✅ 헷갈리는 띄어쓰기 연습하기

> '리', '듯', '채'는 앞말과 띄어 써야 해요.

☆ 까닭 없이 올리는 없고 ➡ 까닭 없이 [올] [　] [　] [　] 없고

☆ 귀찮은듯 말했어요. ➡ [귀] [　] [　] [　] [　] 말했어요.

☆ 밥주걱을 든채 ➡ 밥주걱을 [든] [　] [　]

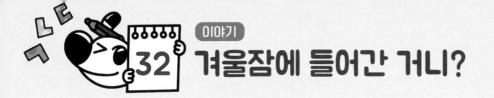
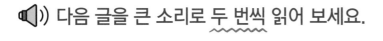 **다음 글을 큰 소리로 두 번씩 읽어 보세요.**

읽기 한 번 | 두 번

가을이 다 갈 즈음 숲속 마을에 잔치가 열렸어요.

곰은 오지 않고, 다른 동물 친구들은 모두 왔어요.

노루가 자리에 앉는 둥 마는 둥 하며 말했어요.

"곰이 안 올 리가 없는데?"

여우가 음식을 먹으며 당연하다는 듯 말했지요.

"겨울잠[1]을 자러 간 거잖니."

1) 겨울잠: 추운 겨울이 되면 동물이 활동을 중단하고 땅속 등으로 들어가 겨울을 나는 일

 받침이 [ㄴ]으로 소리 나는 말 읽고 쓰기

낱말	읽기	회색 글자만 쓰기	한 번 더 쓰기
잔치	[잔치]	잔치	
않고	[안코]	않고	
앉는	[안는]	앉는	
당연하다	[당연하다]	당연하다	
거잖니	[거잔니]	거잖니	

※ ㄴ, ㄶ, ㄵ 받침은 모두 [ㄴ] 소리가 나요. 그래서 [ㄴ] 소리가 나는 받침을 쓸 때는 주의해야 해요.

🔍 잘 틀리는 낱말 연습하기

골라 쓰세요!

① 가을이 다 갈 즈음 ☐ 속 마을에 잔치가 열렸어요.　　숩　숲

② 곰은 오지 않고, 다른 동물 친구들은 모두 ☐ 어요.　　왓　왔

③ 노루가 자리에 앉는 둥 마는 둥 하며 **말** ☐ 어요.　　했　햇

④ "곰이 안 올 리가 ☐ 는데?"　　엄　없

⑤ 여우가 음식을 먹으며 당연하다는 ☐ 말했지요.　　든　듯

⑥ "겨울 ☐ 을 자러 간 거잖니."　　짬　잠

✅ 헷갈리는 띄어쓰기 연습하기

> '즈음', '둥', '리'는
> 앞말과 띄어 써야 해요.

☆ 가을이 다 <u>갈즈음</u> ➡ 가을이 다 | 갈 | | | |

☆ <u>앉는둥</u> <u>마는둥</u> ➡ | 앉 | | | |　　| | | | | |

☆ 안 <u>올리가</u> 없는데? ➡ 안 | 올 | | | | 없는데?

개미와 베짱이

🔊 다음 글을 큰 소리로 두 번씩 읽어 보세요.

읽기 | 한 번 | 두 번

먹이를 등에 진 개미가 걷고 있어요.

내리쬐는 햇볕 때문에 땀이 흘렀어요.

자기 나름대로 겨울을 준비하는 중이었지요.

베짱이는 햇빛을 피해 그늘 밑에서 쉬는 중이었어요.

베짱이는 개미를 보며 웃다가 말을 걸었지요.

✏️ 받침이 [ㄷ]으로 소리 나는 말 읽고 쓰기

낱말	읽기	회색 글자만 쓰기	한 번 더 쓰기
걷고	[걷꼬]	걷고	
햇볕	[해뼏]	햇볕	
중이었지요	[중이얻찌요]	중이었지요	
햇빛	[해삗]	햇빛	
웃다가	[욷ː따가]	웃다가	

※ ㄷ, ㅊ, ㅆ, ㅌ 등의 받침은 모두 [ㄷ] 소리가 나요. 그래서 [ㄷ] 소리가 나는 받침을 쓸 때는 주의해야 해요.

🔍 잘 틀리는 낱말 연습하기

골라 쓰세요!

① 먹이를 등에 진 개미가 걷고 ☐☐ **어요.**   [잇] [있]

② **내리** ☐ **는 햇볕 때문에 땀이 흘렀어요.**   [쬐] [째]

③ **자기 나름** ☐ **로 겨울을 준비하는 중이었지요.**   [데] [대]

④ ☐☐ **짱이는 햇빛을 피해**   [배] [베]

⑤ **그늘** ☐ **에서 쉬는 중이었어요.**   [밑] [믿]

⑥ **베짱이는 개미를 보며** ☐☐ **다가 말을 걸었지요.**   [웃] [웇]

✅ 헷갈리는 띄어쓰기 연습하기

'때문', '나름', '중'은
앞말과 띄어 써야 해요.

☆ 햇볕때문에 ➡ 햇 ☐☐☐☐☐

☆ 자기나름대로 ➡ 자 ☐☐☐☐☐☐☐

☆ 준비하는중이었지요. ➡ 준비 하 ☐☐☐☐☐☐☐☐ .

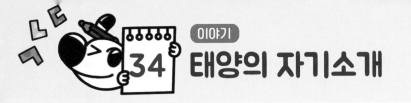

이야기 **34** **태양의 자기소개**

🔊 다음 글을 큰 소리로 두 번씩 읽어 보세요.   읽기 | 한 번 | 두 번

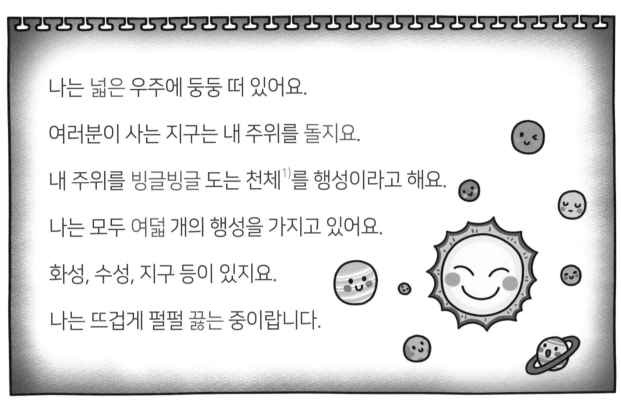

나는 넓은 우주에 둥둥 떠 있어요.

여러분이 사는 지구는 내 주위를 돌지요.

내 주위를 빙글빙글 도는 천체[1]를 행성이라고 해요.

나는 모두 여덟 개의 행성을 가지고 있어요.

화성, 수성, 지구 등이 있지요.

나는 뜨겁게 펄펄 끓는 중이랍니다.

1) 천체: 우주에 존재하는 모든 물질

 받침이 [ㄹ]로 소리 나는 말 읽고 쓰기

낱말	읽기	회색 글자만 쓰기	한 번 더 쓰기
넓은	[널븐]	넓은	
돌지요	[돌:지요]	돌지요	
빙글빙글	[빙글빙글]	빙글빙글	
여덟	[여덜]	여덟	
끓는	[끌른]	끓는	

※ ㄹ, ㄼ, ㅀ 등의 받침은 모두 [ㄹ] 소리가 나요. 그래서 [ㄹ] 소리가 나는 받침을 쓸 때는 주의해야 해요.

잘 틀리는 낱말 연습하기

골라 쓰세요!

1 나는 넓은 우주 ☐ 둥둥 떠 있어요.   애 | 에

2 여러분이 사는 지구는 내 **주** ☐ 를 돌지요.   위 | 의

3 내 주위를 빙글빙글 도는 **천** ☐ 를 행성이라고 해요.   체 | 채

4 나는 모두 여덟 개의 ☐ **성을** 가지고 있어요.   헹 | 행

5 화성, 수성, 지구 등이 ☐ **지요.**   있 | 잇

6 나는 **뜨** ☐ 게 펄펄 끓는 중이랍니다.   겂 | 겁

헷갈리는 띄어쓰기 연습하기

'개', '등', '중'은
앞말과 띄어 써야 해요.

☆ 여덟개의 행성을 → | 여 | | | | | | 행성을

☆ 화성, 수성, 지구등이 → 화성, 수성, | 지 | | | |

☆ 끓는중이랍니다. → | 끓 | | | | | | | .

85

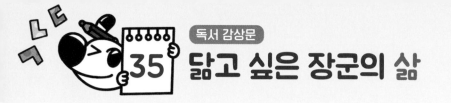

🔊 다음 글을 큰 소리로 두 번씩 읽어 보세요.

읽기 | 한 번 | 두 번

이순신 장군은 목숨을 걸고 용감하게 나라를 지키셨다.

열두 척 배로 훨씬 많은 적을 물리치셨다.

정말 애국심이 크신 분이다.

나도 그 용기를 닮고 싶다.

모기도 못 잡는 내가 과연 그렇게 될 수 있을까?

 받침이 [ㅁ]으로 소리 나는 말 읽고 쓰기

낱말	읽기	회색 글자만 쓰기	한 번 더 쓰기
삶	[삼ː]	삶	
목숨	[목쑴]	목숨	
용감하게	[용ː감하게]	용감하게	
애국심	[애ː국씸]	애국심	
닮고	[담ː꼬]	닮고	

※ ㅁ, ㄻ 등의 받침은 모두 [ㅁ] 소리가 나요. 그래서 [ㅁ] 소리가 나는 받침을 쓸 때는 주의해야 해요.

잘 틀리는 낱말 연습하기

1. 목숨을 걸고 **용감하**[ ] 나라를 지키셨다. 　　개　게

2. 열두 척 배로 훨씬 [ ]**은** 적을 물리치셨다. 　　많　만

3. 정말 [ ]**국심이** 크신 분이다. 　　에　애

4. 나도 그 용기를 닮고 [ ]**다**. 　　십　싶

5. 이순신 장군은 **목**[ ]**을** 걸고 용감하게 나라를 지키셨다. 　　쭘　숨

6. 내가 과연 그렇게 [ ] 수 있을까? 　　될　댈

헷갈리는 띄어쓰기 연습하기

'척', '분', '수'는
앞말과 띄어 써야 해요.

☆ 열두<u>척</u> 배로 ➜ 열[ ][ ][ ] 배로

☆ 애국심이 <u>크신분이다.</u> ➜ 애국심이 크[ ][ ][ ] 이다.

☆ 그렇게 <u>될수</u> 있을까? ➜ 그렇게 될[ ][ ] 있을까?

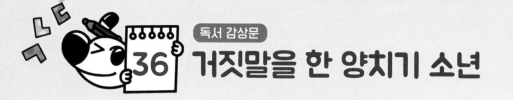
🔊 다음 글을 큰 소리로 두 번씩 읽어 보세요.

| 읽기 | 한 번 | 두 번 |

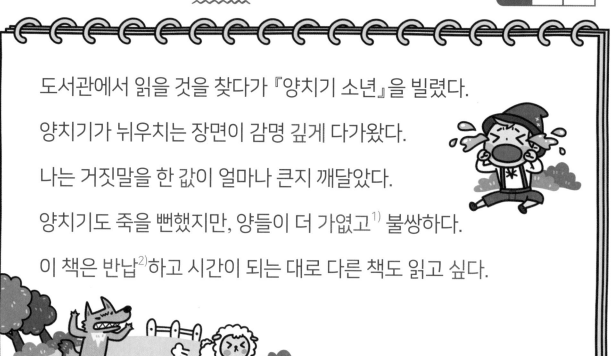

도서관에서 읽을 것을 찾다가 『양치기 소년』을 빌렸다.

양치기가 뉘우치는 장면이 감명 깊게 다가왔다.

나는 거짓말을 한 값이 얼마나 큰지 깨달았다.

양치기도 죽을 뻔했지만, 양들이 더 가엾고[1] 불쌍하다.

이 책은 반납[2]하고 시간이 되는 대로 다른 책도 읽고 싶다.

1) 가엾다: 마음이 아플 만큼 안되다. '가엽다'도 맞는 표현이에요.
2) 반납: 물건을 도로 돌려준다는 뜻

 받침이 [ㅂ]으로 소리 나는 말 읽고 쓰기

낱말	읽기	회색 글자만 쓰기	한 번 더 쓰기
깊게	[깁께]	깊게	깊게
값	[갑]	값	
가엾고	[가ː엽꼬]	가엾고	
반납	[반ː납]	반납	
싶다	[십따]	싶다	

※ ㅍ, ㅄ, ㅂ 받침은 모두 [ㅂ] 소리가 나요. 그래서 [ㅂ] 소리가 나는 받침을 쓸 때는 주의해야 해요.

잘 틀리는 낱말 연습하기

1. 도서관에서 ☐ 을 것을 찾다가 — 일 / 읽

2. 『양치기 소년』을 빌 ☐ 다. — 렸 / 었

3. 양치기가 ☐ **우치는** 장면이 감명 깊게 다가왔다. — 니 / 뉘

4. 나는 거짓말을 한 값이 얼마나 큰지 **깨** ☐ **았다.** — 닳 / 달

5. 양치기도 죽을 **뻔** ☐ **지만**, 양들이 더 가엾고 불쌍하다. — 했 / 햇

6. 시간이 되는 ☐ **로** 다른 책도 읽고 싶다. — 데 / 대

헷갈리는 띄어쓰기 연습하기

'것', '뻔', '대로'는 앞말과 띄어 써야 해요.

☆ 읽을것을 찾다가 → 읽 ☐ ☐ ☐ ☐ 찾다가

☆ 죽을뻔했지만 → 죽 ☐ ☐ ☐ ☐ ☐ ☐

☆ 시간이 되는대로 → 시간이 되 ☐ ☐ ☐ ☐ ☐

※ '대로'가 '-는' 뒤에 쓰여서 '어떤 일을 하는 족족'을 뜻하면 띄어 써요.
그러나 '너는 너대로, 나는 나대로'처럼 앞말을 돕는 조사로 쓸 때는 붙여 써요.

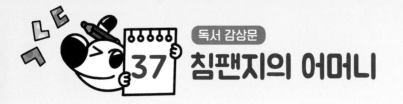
🔊 다음 글을 큰 소리로 두 번씩 읽어 보세요.   읽기 한번 두번

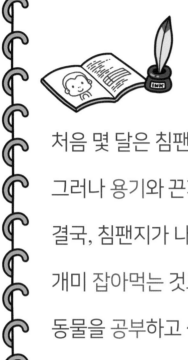

제인 구달은 영국 국민이지만,

아프리카에서 살았다.

처음 몇 달은 침팬지를 구경도 못 했다고 한다.

그러나 용기와 끈기로 연구했다.

결국, 침팬지가 나뭇가지로

개미 잡아먹는 것도 발견했다.

동물을 공부하고 싶은 어릴 적 꿈을 이루다니 정말 멋지다.

 받침이 [ㅇ]으로 소리 나는 말 읽고 쓰기

낱말	읽기	회색 글자만 쓰기	한 번 더 쓰기
국민	[궁민]	국민	
구경	[구:경]	구경	
용기	[용:기]	용기	
잡아먹는	[자바멍는]	잡아먹는	
공부	[공부]	공부	

※ ㄱ 받침은 뒤에 나오는 글자의 영향을 받아 [ㅇ] 소리가 날 때가 있어요.

🔍 잘 틀리는 낱말 연습하기

① 제인 구달은 영국 국민이지만, 아프리카에서 **살** ☐ **다.**　앗　앉

② 처음 ☐ 달은 침팬지를 구경도 못 했다고 한다.　몇　멷

③ 그러나 용기와 끈기로 ☐ **구했다.**　영　연

④ **침** ☐ **지가** 나뭇가지로 개미 잡아먹는 것도 발견했다.　팬　펜

⑤ 어릴 적 꿈을 이루다니 정말 ☐ **지다.**　먿　멋

⑥ 침팬지가 **나** ☐ **가지로** 개미 잡아먹는 것도 발견했다.　뭇　묻

✅ 헷갈리는 띄어쓰기 연습하기

'달', '것', '적'은
앞말과 띄어 써야 해요.

★ 처음 <u>몇달</u>은 ➡ 처음 몇 ☐ ☐ ☐

★ 잡아먹<u>는것</u>도 ➡ 잡 ☐ ☐ ☐ ☐ ☐ ☐ ☐

★ 어릴<u>적</u> 꿈을 ➡ 어 ☐ ☐ ☐ 꿈을

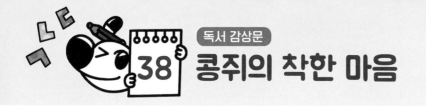

독서 감상문

38 콩쥐의 착한 마음

🔊)) 다음 글을 큰 소리로 두 번씩 읽어 보세요.

읽기 | 한 번 | 두 번

이 책을 다 읽는 데 한 시간도 안 걸렸다.

나는 콩쥐가 그렇게 억울한 일을 당한 게 속상하다.

새어머니는 일만 잔뜩 쌓아 놓고 놀러 나가셨다.

어른이 어떻게 그럴 수 있을까?

그래도 조그맣고 귀여운 참새들이

도와줘서 다행이다.

콩쥐의 착한 마음이 하늘에 닿은 것 같다.

✏️ 받침이 [ㅎ]으로 소리 나지 않는 말 읽고 쓰기

낱말	읽기	회색 글자만 쓰기	한 번 더 쓰기
그렇게	[그러케]	그렇게	
쌓아	[싸아]	쌓아	
어떻게	[어떠케]	어떻게	
조그맣고	[조그마코]	조그맣고	
닿은	[다ː은]	닿은	

※ ㅎ 받침은 소리가 나지 않을 때가 있어요. 이런 낱말을 쓸 때는 받침에 ㅎ을 빼먹지 않도록 주의해야 해요.

🔍 잘 틀리는 낱말 연습하기

1 이 책을 다 읽는 데 한 시간도 안 **걸**◻**다**. 렸 럿

2 나는 콩쥐가 그렇게 **억**◻**한** 일을 당한 게 속상하다. 굴 울

3 ◻ **어머니는** 일만 잔뜩 쌓아 놓고 놀러 나가셨다. 세 새

4 어른이 어떻게 그럴 수 ◻ **을까?** 잇 있

5 그 ◻ **도** 조그맣고 귀여운 참새들이 도와줘서 다행이다. 래 레

6 콩쥐의 착한 마음이 하늘에 ◻ **은 것 같다**. 다 닿

✅ 헷갈리는 띄어쓰기 연습하기

'데', '수', '것'은
앞말과 띄어 써야 해요.

☆ 이 책을 다 <u>읽는데</u> ➡ 이 책을 다 [읽]◻◻◻◻

☆ <u>그럴수</u> 있을까? ➡ [그]◻◻◻ 있을까?

☆ 하늘에 <u>닿은것</u> 같다. ➡ 하늘에 [닿]◻◻◻ 같다.

※ '데'는 '곳(장소)', '일', '것', '경우' 등의 다른 말로 바꿔 쓸 수 있을 때 띄어 써요.

39 넷째 마당 복습

바르게 쓴 8칸을 찾아 색칠하여 자음을 찾아보세요.

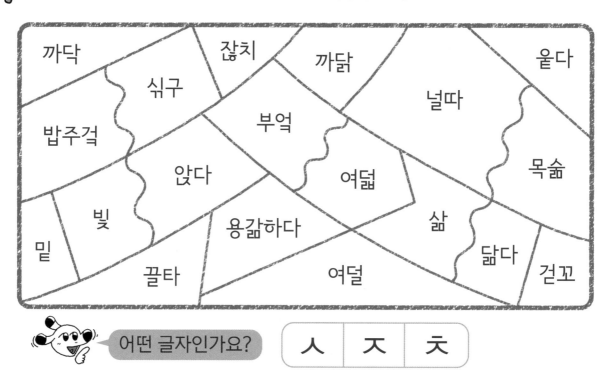

어떤 글자인가요?

ㅅ	ㅈ	ㅊ

바르게 쓴 8칸을 찾아 색칠하여 자음을 찾아보세요.

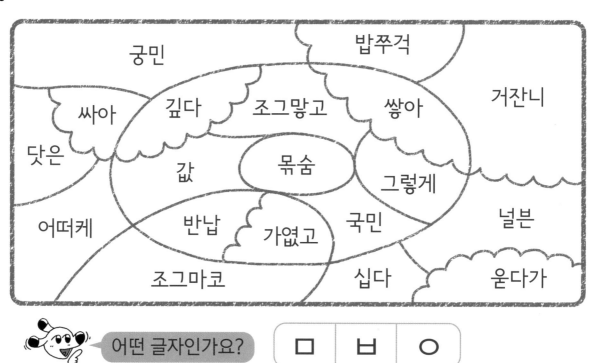

어떤 글자인가요?

ㅁ	ㅂ	ㅇ

✏️ 알맞은 낱말을 골라서 쓰세요.

① 형 놀부는 [   ] 듯 말했어요.　　　기찬은 ／ 귀찮은

② 곰이 안 올 리가 [   ]?　　　없는데 ／ 엄는대

③ [   ] 햇볕 때문에 땀이 흘렀어요.　　　내리째는 ／ 내리쬐는

④ 나도 그 용기를 [   ] 싶다.　　　닮고 ／ 담꼬

⑤ [   ]을 한 값이 얼마나 큰지 깨달았다.　　　거진말 ／ 거짓말

✅ 밑줄 친 부분의 띄어쓰기를 바르게 한 것에 V표를 하세요.

⭐
　☐ 형 놀부는 귀찮은듯 말했어요.
　☐ 형 놀부는 귀찮은 듯 말했어요.

⭐
　☐ 햇빛을 피해 그늘 밑에서 쉬는 중이었어요.
　☐ 햇빛을 피해 그늘 밑에서 쉬는중이었어요.

⭐
　☐ 화성, 수성, 지구등이 있지요.
　☐ 화성, 수성, 지구 등이 있지요.

⭐
　☐ 내가 과연 그렇게 될수 있을까?
　☐ 내가 과연 그렇게 될 수 있을까?

⭐
　☐ 콩쥐의 착한 마음이 하늘에 닿은 것 같다.
　☐ 콩쥐의 착한 마음이 하늘에 닿은것 같다.

잘 듣고 낱말을 정확하게 쓰세요.

(QR코드를 찍어 들려주거나 맨 뒷장을 보고 불러 주세요.)

내용 듣기

① ㄲ

② ㅂ

③ ㅂ

④ ㅎ

⑤ ㅇ

⑥ ㄴ

⑦ ㅇ

⑧ ㄲ

⑨ ㅈ

⑩ ㄱ

⑪ ㄱ

⑫ ㅇ

⑬ ㅂ

⑭ ㄱ

⑮ ㅈ

⑯ ㄱ

틀린 낱말은 한 번씩 더 써 보세요.

🎧 잘 듣고 띄어쓰기에 신경 쓰며 정확하게 쓰세요.

(QR코드를 찍어 들려주거나 맨 뒷장을 보고 불러 주세요.)

1

2

3

4

5

6

7

8

9

10

다섯째 마당

설명문과 주장하는 글로
배우는 맞춤법

호 박사

여러분! 제 친구 잭이 맞춤법을 너무 많이 틀려서 미안해요.
그런데 또 문자 메시지가 왔지 뭐예요.

 벌래가 들어왔어. 안움직이고 가만히 있어.
너무 무서워. 나 좀 도와줘.

밑줄 친 부분의 잘못된 맞춤법을 바로 알아맞힐 수 있도록 다섯째 마당을
공부해 보세요!

실수 1 벌래 → 벌레   실수 2 안움직이고 → 안 움직이고

다섯째 마당에서 집중 연습하는 받아쓰기

복잡한 모음인 ㅐ, ㅒ, ㅔ, ㅖ, ㅘ, ㅚ, ㅝ, ㅟ, ㅢ 등은 발음도 어렵고 쓰기도 어려워요. 그런데 정확하게 쓰지 않으면 뜻이 완전히 달라지므로 주의해야 해요.

개와 게		
내가와 네가		

 ## 다섯째 마당에서 집중 연습하는 띄어쓰기

(1) 띄어 쓸 것 같지만 붙여 쓰는 낱말이 있어요.

파리지옥은 벌레를 <u>잡아 먹는</u> 식물이다.　　　(X)

파리지옥은 벌레를 <u>잡아먹는</u> 식물이다.　　　(O)

(2) 반대로 붙여 쓸 것 같지만 띄어 쓰는 낱말이 있어요.

곤충은 저마다 재주를 <u>가지고있다.</u>　　　(X)

곤충은 저마다 재주를 <u>가지고 있다.</u>　　　(O)

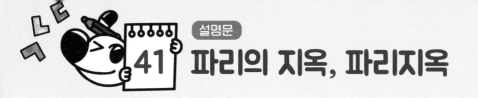

설명문

41 파리의 지옥, 파리지옥

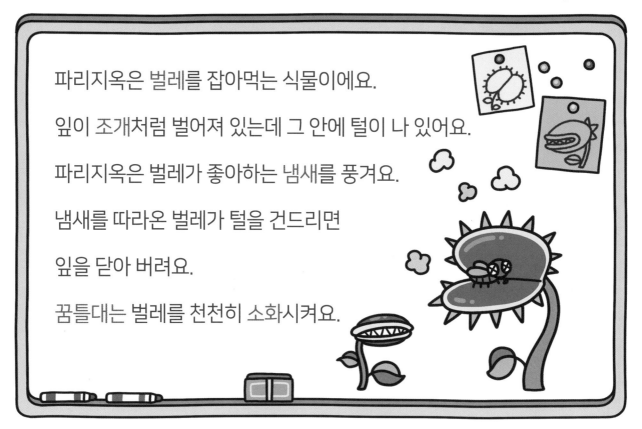

파리지옥은 벌레를 잡아먹는 식물이에요.

잎이 조개처럼 벌어져 있는데 그 안에 털이 나 있어요.

파리지옥은 벌레가 좋아하는 냄새를 풍겨요.

냄새를 따라온 벌레가 털을 건드리면

잎을 닫아 버려요.

꿈틀대는 벌레를 천천히 소화시켜요.

 모음을 조심해서 써야 하는 말 읽고 쓰기

낱말	읽기	회색 글자만 쓰기	한 번 더 쓰기
벌레	[벌레]	벌레	벌레
조개	[조개]	조개	
냄새	[냄ː새]	냄새	
꿈틀대는	[꿈틀대는]	꿈틀대는	
소화	[소화]	소화	

※ 'ㅔ'와 'ㅐ'는 소리가 비슷해서 쓸 때 헷갈릴 수 있으니 주의해야 해요. 'ㅚ'를 소리 낼 때는 입을 많이 오무려야 해요.

🔍 잘 틀리는 낱말 연습하기

골라 쓰세요!

1 파리지옥은 벌레를 잡아먹는 [　] **물이에요.**　　싱　식

2 [　] **이 조개처럼 벌어져 있는데 그 안에 털이 나 있어요.**　　잎　입

3 파리지옥은 벌레가 **좋**[　] **하는 냄새를 풍겨요.**　　와　아

4 벌레가 털을 건드리면 잎을 [　] **아 버려요.**　　닫　단

5 꿈틀대는 벌레를 **천천**[　] **소화시켜요.**　　이　히

6 잎이 조개처럼 **벌어**[　] **있는데 그 안에 털이 나 있어요.**　　저　져

✅ 헷갈리는 띄어쓰기 연습하기

'잡아먹는, 따라온, 꿈틀대는'은
한 낱말이므로 붙여 써야 해요.

☆ 벌레를 <u>잡아 먹는</u> 식물 ➜ 벌레를 [잡　　　　] 식물

☆ 냄새를 <u>따라 온</u> 벌레 ➜ 냄새를 [따　　　] 벌레

☆ <u>꿈틀 대는</u> 벌레 ➜ [꿈　　　] 벌레

42 사마귀의 재주

🔊 다음 글을 큰 소리로 두 번씩 읽어 보세요.

읽기 | 한번 | 두번

곤충은 저마다 재주를 가지고 있어요.

사마귀는 고개를 자유롭게 돌리는 재주가 있어요.

몸은 안 움직이고 목만 돌릴 수 있어요.

목을 뱅글뱅글 돌려서 먹이를 찾아내요.

자기를 안 보고 있다고 안심하는 곤충을 잽싸게 잡아요.

✏️ 모음을 조심해서 써야 하는 말 읽고 쓰기

낱말	읽기	회색 글자만 쓰기	한 번 더 쓰기
재주	[재주]	재주	
사마귀	[사ː마귀]	사마귀	
자유롭게	[자유롭께]	자유롭게	
뱅글뱅글	[뱅글뱅글]	뱅글뱅글	
잽싸게	[잽싸게]	잽싸게	

※ 'ㅔ'와 'ㅐ'는 소리가 비슷해서 헷갈릴 수 있으니 주의해야 해요. ㅟ를 쓸 때는 ㅜ를 먼저 쓰고, ㅣ를 써야 해요.

🔍 잘 틀리는 낱말 연습하기

골라 쓰세요! ❸

❶ 곤충들은 저마다 재주를 가지고 ☐ **어요.**   잇 / 있

❷ 사마귀는 고개를 **자유** ☐ **게** 돌리는 재주가 있어요.   롭 / 롭

❸ 몸은 안 움직이고 ☐ **만** 돌릴 수 있어요.   목 / 몽

❹ 목을 뱅글뱅글 돌려서 먹이를 ☐ **아내요.**   찻 / 찾

❺ 자기를 ☐ 보고 있다고   안 / 않

❻ 안심하는 곤충을 잽싸게 ☐ **아요.**   잠 / 잡

💬 헷갈리는 띄어쓰기 연습하기

'가지고 있다', '안 움직인다'는 두 낱말이고, '찾아낸다'는 한 낱말이에요.

☆ 재주를 <u>가지고있어요.</u> ➜ 재주를 | 가 | | | | | | | | | .

☆ 몸은 <u>안움직이고</u> ➜ 몸은 | 안 | | | | | |

☆ 먹이를 <u>찾아 내요.</u> ➜ 먹이를 | 찾 | | | | .

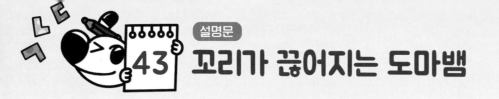

설명문

43 꼬리가 끊어지는 도마뱀

🔊)) 다음 글을 큰 소리로 두 번씩 읽어 보세요.

읽기 | 한 번 | 두 번

도마뱀은 스스로 꼬리를 끊는 신기한 파충류예요.

적이 나타나면 긴 꼬리를 토막 내서 적을 놀래 줘요.

다행히 꼬리는 곧 다시 자라나요.

발바닥의 털 덕분에 미끈한 곳에도 잘 붙어 있어요.

주로 밤에 활동하며 곤충이나 지렁이를 먹고 살아요[1].

1) '먹고살다'를 하나의 낱말로 붙여 쓰면 '돈벌이를 해서 생활을 한다.'라는 다른 뜻이 돼요.

✏️ 모음을 조심해서 써야 하는 말 읽고 쓰기

낱말	읽기	회색 글자만 쓰기	한 번 더 쓰기
도마뱀	[도마뱀]	도마뱀	
놀래	[놀ː래]	놀래	
다행히	[다행히]	다행히	
덕분에	[덕뿌네]	덕분에	
활동	[활똥]	활동	

※ 'ㅔ'와 'ㅐ'는 소리가 비슷해서 헷갈릴 수 있으니 주의해야 해요.

🔍 잘 틀리는 낱말 연습하기

골라 쓰세요!

1 도마뱀은 스스로 꼬리를 [　] 는

끈　끊

2 신기한 **파충류** [　] 요.[1]

예　에

3 적이 나타나면 긴 꼬리를 토막 [　] 서 적을 놀래 줘요.

내　네

4 다 [　] 히 꼬리는 곧 다시 자라나요.

앵　행

5 발바닥의 [　] 덕분에 미끈한 곳에도 잘 붙어 있어요.

털　떨

6 주로 밤에 **활** [　] **하며** 곤충이나 지렁이를 먹고 살아요.

똥　동

1) '-예요'는 '-이에요'의 줄임말이에요.

✅ 헷갈리는 띄어쓰기 연습하기

'토막 내다', '먹고 산다'는 두 낱말이고 '자라난다'는 한 낱말이에요.

☆ 꼬리를 토막내서 ➜ 꼬리를 [토　　　　]

☆ 다시 자라 나요. ➜ 다시 [자　　　].

☆ 지렁이를 먹고살아요. ➜ 지렁이를 [먹　　　　　　].

44 세계의 다양한 인사

 다음 글을 큰 소리로 두 번씩 읽어 보세요.

읽기 | 한 번 | 두 번

외국의 인사 예절은 우리나라와 달라요.

미국에서는 상대방 손을 잡고 위아래로 흔들어요.

인도에서는 두 손을 맞대고 고개 숙여 인사해요.

티베트에서는 혀를 내밀고 귀를 잡아당기며 인사해요.

여러분은 어떤 인사를 따라 하고 싶나요?

 모음을 조심해서 써야 하는 말 읽고 쓰기

낱말	읽기	회색 글자만 쓰기	한 번 더 쓰기
외국	[외ː국]	외국	
예절	[예절]	예절	
위아래	[위아래]	위아래	
맞대고	[맏때고]	맞대고	
내밀고	[내ː밀고]	내밀고	

※ 'ㅖ'는 '이-에'를 빠르게 붙여서 소리 내고, 쓸 때는 ㅕ를 ㅣ보다 먼저 써야 해요.

잘 틀리는 낱말 연습하기

골라 쓰세요!

1 외국의 인사 예절은 우리나라와 ☐☐ **라요.**　　　닮　달

2 미국에서는 상대방 손을 잡고 ☐☐ **아래로** 흔들어요.　　위　웨

3 인도에서는 두 손을 ☐☐ **대고** 고개 숙여 인사해요.　　만　맞

4 티베트에서는 혀를 내밀고 귀를 ☐☐ **아당기며** 인사해요.　　잡　잛

5 여러분은 어떤 인사를 따라 하고 ☐☐ **나요?**　　심　싶

6 ☐☐ **국의** 인사 예절은 우리나라와 다릅니다.　　왜　외

헷갈리는 띄어쓰기 연습하기

> '고개 숙이다', '따라 하다'는 두 낱말이고 '잡아당기다'는 한 낱말이에요.

☆ <u>고개숙여</u> 인사해요. → 고 ☐☐☐☐☐ 인사해요.

☆ 귀를 <u>잡아 당기며</u> → 귀를 잡 ☐☐☐☐☐

☆ <u>따라하고</u> 싶나요? → 따 ☐☐☐☐ 싶나요?

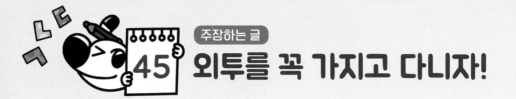

주장하는 글

45 외투를 꼭 가지고 다니자!

🔊 다음 글을 큰 소리로 두 번씩 읽어 보세요.

읽기 | 한 번 | 두 번

계절이 바뀌면

감기에 잘 걸린다.

특히, 여름이 지나 가을이 될 때는 주의해야 한다.

낮에는 더워서 반팔을 입고 싶고, 소매도 걷게 된다.

그러나 해가 지면 기온이 떨어지고 체온도 내려간다.

그러니 외투를 꼭 가지고 다녀야 한다.

 모음을 조심해서 써야 하는 말 읽고 쓰기

낱말	읽기	회색 글자만 쓰기	한 번 더 쓰기
계절	[계ː절/게ː절]	계절	
주의	[주의/주이]	주의	
소매	[소매]	소매	
체온	[체온]	체온	
외투	[외ː투/웨ː투]	외투	

※ '계절', '주의', '외투'처럼 소리가 두 가지로 나는 낱말을 쓸 때는 주의해야 해요. 특히, 'ㅢ'를 'ㅣ'로 쓰지 않도록 조심하세요.

🔍 잘 틀리는 낱말 연습하기

골라 쓰세요!

① 계절이 **바**⬜**면** 감기에 잘 걸린다. 　　　　 `끼` `뀌`

② 특히, 여름이 지나 가을이 ⬜ 때는 주의해야 한다. 　 `댈` `될`

③ ⬜**에는** 더워서 반팔을 입고 싶고, 　　　　 `낫` `낮`

④ 소매도 ⬜**게** 된다. 　　　　　　　　 `걷` `겉`

⑤ 그러나 해가 지면 기온이 떨어지고 체온도 ⬜**려간다.** 　 `내` `네`

⑥ 그러니 ⬜**투를** 꼭 가지고 다녀야 한다. 　　　 `웨` `외`

✅ 헷갈리는 띄어쓰기 연습하기

> '주의해야 한다', '입고 싶다',
> '다녀야 한다'는 두 낱말이에요.

☆ 주의해야한다. → 주⬜⬜⬜⬜⬜⬜⬜⬜.

☆ 반팔을 입고싶고 → 반팔을 입⬜⬜⬜⬜

☆ 가지고 다녀야한다. → 가지고 다⬜⬜⬜⬜⬜.

주장하는 글

놀이터를 안전하게 이용하자!

🔊 다음 글을 큰 소리로 두 번씩 읽어 보세요.

읽기 | 한 번 | 두 번

> 그네는 줄을 단단히 쥐고 타야 한다.
>
> 서서 타거나 도중에 뛰어내리면 다칠 수 있다.
>
> 원숭이처럼 한쪽 줄에 매달리면 안 된다.
>
> 미끄럼틀 계단은 한 칸씩 올라가야 한다.
>
> 미끄럼판[1]을 타고 거꾸로 올라가면 위험하다.

1) 미끄럼판: 미끄럼틀에서 앉아서 미끄러져 내려오도록 비스듬하게 만든 판

✏️ 모음을 조심해서 써야 하는 말 읽고 쓰기

낱말	읽기	회색 글자만 쓰기	한 번 더 쓰기
그네	[그:네]	그네	
뛰어	[뛰어/뛰여]	뛰어	
원숭이	[원:숭이]	원숭이	
계단	[계:단/게:단]	계단	
위험	[위험]	위험	

※ 'ㅝ'는 '우-어'를 빠르게 붙여서 소리 내고, 쓸 때는 ㅜ를 ㅓ보다 먼저 써야 해요.

🔍 잘 틀리는 낱말 연습하기

골라 쓰세요!

① 그네는 줄을 단단히 [ ]고 타야 한다.   쥐 지

② 서서 타거나 도중에 **뛰어** [ ] **리면** 다칠 수 있다.   네 내

③ 원숭이처럼 한쪽 줄에 [ ] **달리면** 안 된다.   매 메

④ 미끄럼틀 계단은 한 칸씩 [ ] **라가야** 한다.   옳 올

⑤ 그네는 줄을 **단단** [ ] 쥐고 타야 한다.   히 이

⑥ 미끄럼판을 타고 거꾸로 올라가면 **위** [ ] **하다.**   엄 험

✅ 헷갈리는 띄어쓰기 연습하기

'타야 한다,' '올라가야 한다'는 두 낱말이고 '뛰어내리다'는 한 낱말이에요.

☆ 쥐고 <u>타야한다.</u> ➜ 쥐고 [타][ ][ ][ ][ ].

☆ 도중에 <u>뛰어 내리면</u> ➜ 도중에 [뛰][ ][ ][ ][ ]

☆ 한 칸씩 <u>올라가야한다.</u> ➜ 한 칸씩 [올][ ][ ][ ][ ][ ][ ].

🖌 바르게 쓴 8칸을 찾아 색칠하여 자음을 찾아보세요.

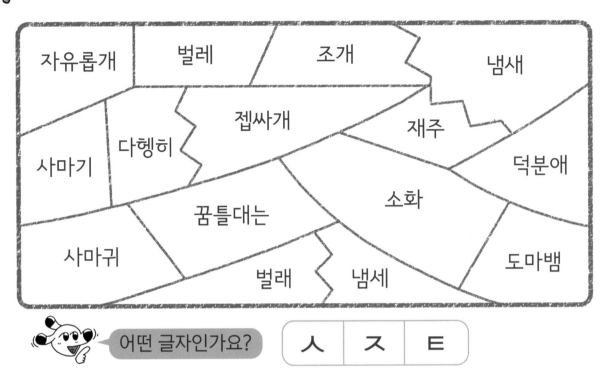

자유롭개	벌레	조개	냄새
다헹히	젭싸개	재주	
사마기			덕분애
	꿈틀대는	소화	
사마귀	벌래	냄세	도마뱀

어떤 글자인가요?

ㅅ	ㅈ	ㅌ

🖌 바르게 쓴 8칸을 찾아 색칠하여 자음을 찾아보세요.

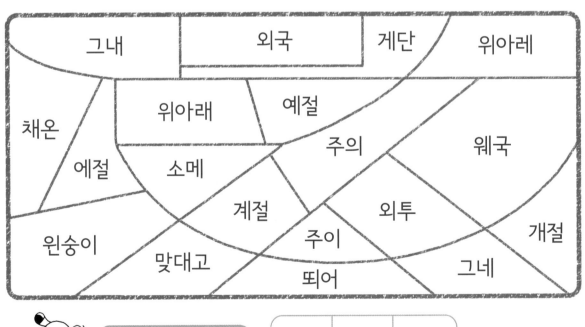

그내	외국	게단	위아레
채온	위아래	예절	웨국
에절	소메	주의	
	계절	외투	개절
윈숭이	맞대고	주이	그네
		띄어	

어떤 글자인가요?

ㅈ	ㅎ	ㅊ

✏️ **알맞은 낱말을 골라서 쓰세요.**

골라 쓰세요!

① 파리지옥은 벌레를 잡아먹는 [ ]이다.   싱물 / 식물

② 목을 돌려서 먹이를 [ ].   찾아낸다 / 차자낸다

③ [ ] 꼬리는 곧 다시 자란다.   다앵이 / 다행히

④ 계절이 [ ] 감기에 잘 걸린다.   바뀌면 / 바끼면

⑤ 그네는 줄을 단단히 [ ] 타야 한다.   쥐고 / 쥐고

✅ **밑줄 친 부분의 띄어쓰기를 바르게 한 것에 V표를 하세요.**

⭐
☐ 냄새를 <u>따라온</u> 벌레가 털을 건드리면 잎을 닫아 버려요.
☐ 냄새를 <u>따라 온</u> 벌레가 털을 건드리면 잎을 닫아 버려요.

⭐
☐ 곤충은 저마다 재주를 <u>가지고있어요.</u>
☐ 곤충은 저마다 재주를 <u>가지고 있어요.</u>

⭐
☐ 사마귀는 몸은 <u>안 움직이고</u> 목만 돌릴 수 있어요.
☐ 사마귀는 몸은 <u>안움직이고</u> 목만 돌릴 수 있어요.

⭐
☐ 인도에서는 두 손을 맞대고 <u>고개숙여</u> 인사해요.
☐ 인도에서는 두 손을 맞대고 <u>고개 숙여</u> 인사해요.

⭐
☐ 미끄럼틀 계단은 한 칸씩 <u>올라가야한다.</u>
☐ 미끄럼틀 계단은 한 칸씩 <u>올라가야 한다.</u>

🎧 **잘 듣고 낱말을 정확하게 쓰세요.**

(QR코드를 찍어 들려주거나 맨 뒷장을 보고 불러 주세요.)

내용 듣기

1 ㅂ

9 ㅇ

2 ㅈ

10 ㅈ

3 ㄴ

11 ㅅ

4 ㅅ

12 ㅇ

5 ㅈ

13 ㄱ

6 ㅅ

14 ㅇ

7 ㄱ

15 ㄱ

8 ㅇ

16 ㅇ

✏️ **틀린 낱말은 한 번씩 더 써 보세요.**

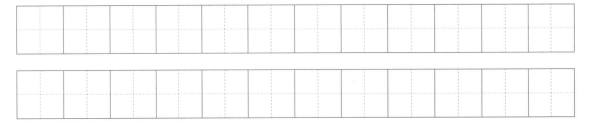

잘 듣고 띄어쓰기에 신경 쓰며 정확하게 쓰세요.
(QR코드를 찍어 들려주거나 맨 뒷장을 보고 불러 주세요.)

❶ 브 레

❷ 지 있

❸ ㅁ 찾

❹ ㄲ

❺ ㅈ

❻ ㄱ

❼ ㅇ

❽ ㅂ 싶

❾ ㄷ 뛰

❿ ㄴ

어린이 여러분! 이 책을 모두 끝내다니 정말 대단해요. 여러분의 맞춤법 실력도
쑥쑥 향상되었을 거예요! 우리 2권에서 다시 만나요. 안녕!

바쁜 초등학생을 위한 빠른 맞춤법 ① 정답

---

01   13쪽

🔍 **잘 틀리는 낱말 연습하기**

①읽 ②데 ③많 ④웃 ⑤게 ⑥내

✅ **헷갈리는 띄어쓰기 연습하기**

☆ 쥐는V쥐인데
☆ 사람들이V가장
☆ 소가V웃는

---

03   17쪽

🔍 **잘 틀리는 낱말 연습하기**

①부 ②낮 ③엽 ④팥 ⑤좋 ⑥세

✅ **헷갈리는 띄어쓰기 연습하기**

☆ 잔치를V엽니다
☆ 팥죽을V준비
☆ 공연도V해요

---

02   15쪽

🔍 **잘 틀리는 낱말 연습하기**

①끝 ②것 ③데 ④않 ⑤맞 ⑥이

✅ **헷갈리는 띄어쓰기 연습하기**

☆ 끝에V가는
☆ 몸집이V작아지는
☆ 불은V불인데

---

04   19쪽

🔍 **잘 틀리는 낱말 연습하기**

①왜 ②원 ③옷 ④게 ⑤해 ⑥갖

✅ **헷갈리는 띄어쓰기 연습하기**

☆ 보름달이V뜰까
☆ 옷장을V갖고
☆ 나를V그렇게

05
21쪽

잘 틀리는 낱말 연습하기
① 래 ② 돼 ③ 첬 ④ 합 ⑤ 때 ⑥ 제

헷갈리는 띄어쓰기 연습하기
☆ 물감으로V그림
☆ 손가락을V다쳐서
☆ 동생이랑V옥수수

06
23쪽

잘 틀리는 낱말 연습하기
① 와 ② 믿 ③ 밑 ④ 맞 ⑤ 구 ⑥ 낫

헷갈리는 띄어쓰기 연습하기
☆ 말이V고와야
☆ 도끼에V발등
☆ 백지장도V맞들면

07
25쪽

잘 틀리는 낱말 연습하기
① 에 ② 뱉 ③ 헤 ④ 된 ⑤ 맵 ⑥ 튀

헷갈리는 띄어쓰기 연습하기
☆ 위에V나는
☆ 엉덩이에V뿔
☆ 고추가V더

08
27쪽

잘 틀리는 낱말 연습하기
① 신 ② 필 ③ 최 ④ 합 ⑤ 어 ⑥ 회

헷갈리는 띄어쓰기 연습하기
☆ 색종이가V새로
☆ 책상만V합니다
☆ 우산도V접을

09 첫째 마당 복습
28쪽

바르게 쓴 6칸을 찾아 색칠하면 자음이 만들어집니다.

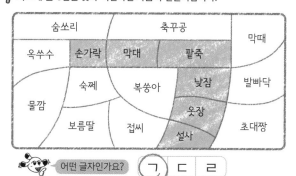

어떤 글자인가요? ㄱ Ⓓ ㄹ

바르게 쓴 6칸을 찾아 색칠하면 자음이 만들어집니다.

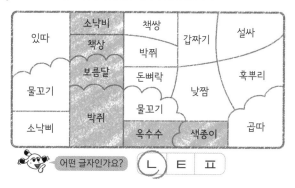

어떤 글자인가요? Ⓝ ㅌ ㅍ

117

정답

 **09 첫째 마당 복습**   29쪽

 알맞은 것을 골라서 쓰세요.

① 즐겁게   ② 낮잠   ③ 옷장   ④ 몸집   ⑤ 못된

✅ 밑줄 친 부분의 띄어쓰기를 바르게 한 것에 v표 하세요.

☆ ☑ <u>쥐는∨쥐인데</u>

☆ ☑ <u>물감으로∨그림</u>

☆ ☑ <u>팥죽을∨준비했어요</u>

☆ ☑ <u>위에∨나는</u>

☆ ☑ <u>색종이가∨새로</u>

10 | 받아쓰기 연습   30쪽

① 보름달   ⑦ 바늘구멍   ⑬ 옥수수

② 옷장   ⑧ 초대장   ⑭ 복숭아

③ 박쥐   ⑨ 팥죽   ⑮ 맵다

④ 숨소리   ⑩ 접시   ⑯ 색종이

⑤ 축구공   ⑪ 낮잠

⑥ 발등   ⑫ 물감

---

① 박쥐가 　 난다   31쪽

② 축구공을 　 찾다

③ 불이 　 뜨겁다

④ 접시를 　 돌린다

⑤ 끝에 　 있다

⑥ 공연도 　 한다

⑦ 엉덩이에 　 뿔 　 난다

⑧ 책상만 　 합니다

⑨ 동생이랑 　 먹었다

⑩ 물감으로 　 그린다

11   35쪽

🔍 잘 틀리는 낱말 연습하기

① 햇   ② 혼   ③ 생   ④ 의   ⑤ 많   ⑥ 까

✅ 헷갈리는 띄어쓰기 연습하기

☆ 오늘∨고모가

☆ 근육은∨고모가

☆ 누가∨이길까

12   37쪽

🔍 잘 틀리는 낱말 연습하기

① 았   ② 에   ③ 개   ④ 없   ⑤ 춰   ⑥ 덥

✅ 헷갈리는 띄어쓰기 연습하기

☆ 우리∨가족은

☆ 악어를∨보았다

☆ 인어는∨없냐고

13   39쪽

🔍 잘 틀리는 낱말 연습하기

① 개   ② 반   ③ 레   ④ 잡   ⑤ 내   ⑥ 득

✅ 헷갈리는 띄어쓰기 연습하기

☆ 개울가를∨걷다가

☆ 나는∨반가워서

☆ 기분이∨어떨까

14 41쪽

🔍 잘 틀리는 낱말 연습하기

① 맑 ② 늦 ③ 높 ④ 했 ⑤ 려 ⑥ 었

✅ 헷갈리는 띄어쓰기 연습하기

☆ 하늘V높이
☆ 구경을V했다
☆ 방울V하나를

 **17** 47쪽

🔍 잘 틀리는 낱말 연습하기

① 싶 ② 엽 ③ 낳 ④ 제 ⑤ 래 ⑥ 드림

✅ 헷갈리는 띄어쓰기 연습하기

☆ 시골V언덕도
☆ 제가V심은
☆ 추석V때

15 43쪽

🔍 잘 틀리는 낱말 연습하기

① 쌩쌩 ② 호 ③ 왠 ④ 때 ⑤ 입 ⑥ 만

 ✅ 헷갈리는 띄어쓰기 연습하기

☆ 크림이V들어간
☆ 아빠가V만든
☆ 죽어도V모를

18 49쪽

🔍 잘 틀리는 낱말 연습하기

① 세 ② 해 ③ 낱 ④ 봐 ⑤ 와 ⑥ 생

✅ 헷갈리는 띄어쓰기 연습하기

☆ 국어V공부를
☆ 발음이V어려운
☆ 엄마V얼굴에서

16 45쪽

🔍 잘 틀리는 낱말 연습하기

① 개 ② 때 ③ 확 ④ 때 ⑤ 같이 ⑥ 의

✅ 헷갈리는 띄어쓰기 연습하기

☆ 많이V줄었구나
☆ 내가V단어를
☆ 같이V살자

19 51쪽

🔍 잘 틀리는 낱말 연습하기

① 봐 ② 했 ③ 뛰 ④ 히 ⑤ 이 ⑥ 게

 ✅ 헷갈리는 띄어쓰기 연습하기

☆ 형도V나처럼
☆ 걸음V연습도
☆ 나랑V같이

20 | 53쪽

🔍 잘 틀리는 낱말 연습하기

① 떡 ② 먹 ③ 끄 ④ 듣 ⑤ 없 ⑥ 줘

💬 헷갈리는 띄어쓰기 연습하기

☆ 무엇을∨먹니
☆ 얼음∨위에서
☆ 어떻게∨듣는

21 둘째 마당 복습 | 54쪽

🖌 바르게 쓴 6칸을 찾아 색칠하면 자음이 만들어집니다.

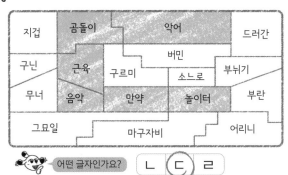

지겁	곰돌이	악어	드러간
구닌	근육	버민	부뉘기
무너	구르미	소느로	
그묘일	음악	만약	놀이터	부란
		마구자비	어리니

어떤 글자인가요? ㄴ (ㄷ) ㄹ

🖌 바르게 쓴 6칸을 찾아 색칠하면 자음이 만들어집니다.

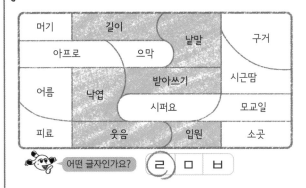

머기	길이	낟말	구거
아프로	으막		
어름	낙엽	받아쓰기	시근땀
		시퍼요	모교일
피료	웃음	입원	소곳

어떤 글자인가요? (ㄹ) ㅁ ㅂ

21 둘째 마당 복습 | 55쪽

✏ 알맞은 것을 골라서 쓰세요.

① 보았다 ② 반가워서 ③ 왠지 ④ 새끼 ⑤ 열심히

✔ 밑줄 친 부분의 띄어쓰기를 바르게 한 것에 ∨표 하세요.

☆ ☑ 우리∨가족은
☆ ☑ 기분이∨어떨까
☆ ☑ 많이∨줄었구나
☆ ☑ 형도∨나처럼
☆ ☑ 방울∨하나를

22 | 받아쓰기 연습 | 56쪽

① 금요일 ⑦ 만약 ⑬ 녹음
② 직업 ⑧ 적응 ⑭ 앞으로
③ 입원 ⑨ 얼음 ⑮ 불안
④ 근육 ⑩ 필요 ⑯ 곰돌이
⑤ 웃음 ⑪ 걸음
⑥ 선인장 ⑫ 발음

57쪽

① 결혼을 했다.
② 누가 이길까?
③ 악어를 보았다.
④ 기분이 어떨까?
⑤ 구경을 했다.
⑥ 크림이 들어갔다.
⑦ 자꾸 틀려요.
⑧ 엄마 얼굴에서
⑨ 얼음 위에서
⑩ 하늘 높이

23 61쪽

🔍 잘 틀리는 낱말 연습하기

1 뒷 **2** 벚 **3** 꽃 **4** 게 **5** 있 **6** 많

✅ 헷갈리는 띄어쓰기 연습하기

☆ 커다란∨벚나무
☆ 올망졸망∨많다
☆ 슬쩍∨와

26 67쪽

🔍 잘 틀리는 낱말 연습하기

1 꽃 **2** 옷 **3** 의 **4** 긁 **5** 늬 **6** 로

✅ 헷갈리는 띄어쓰기 연습하기

☆ 귀여운∨잠옷이네
☆ 편리한∨단추가
☆ 진짜로∨입을

24 63쪽

🔍 잘 틀리는 낱말 연습하기

1 해 **2** 있 **3** 던 **4** 없 **5** 헷 **6** 복

✅ 헷갈리는 띄어쓰기 연습하기

☆ 방금∨해
☆ 맛있는∨떡볶이
☆ 언니의∨속마음

27 69쪽

🔍 잘 틀리는 낱말 연습하기

1 새 **2** 받 **3** 낯 **4** 었 **5** 배 **6** 왜

✅ 헷갈리는 띄어쓰기 연습하기

☆ 한가득∨받아
☆ 넉넉히∨뿌려
☆ 온다는∨소식이

25 65쪽

🔍 잘 틀리는 낱말 연습하기

1 회 **2** 재 **3** 친 **4** 희 **5** 났 **6** 같

✅ 헷갈리는 띄어쓰기 연습하기

☆ 빙빙∨도는
☆ 자꾸자꾸∨묻는다
☆ 끔찍한∨악몽

28 71쪽

🔍 잘 틀리는 낱말 연습하기

1 게 **2** 뱉 **3** 윗 **4** 붙 **5** 데 **6** 랫

✅ 헷갈리는 띄어쓰기 연습하기

☆ 신나게∨한다
☆ 까만∨수박씨를
☆ 정말∨곤란한데

정답

29 셋째 마당 복습 (72쪽)

바르게 쓴 8칸을 찾아 색칠하면 자음이 만들어집니다.

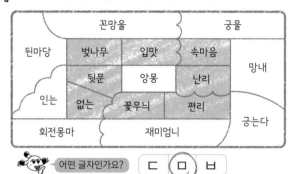

어떤 글자인가요? ㄷ (ㅁ) ㅂ

바르게 쓴 8칸을 찾아 색칠하면 자음이 만들어집니다.

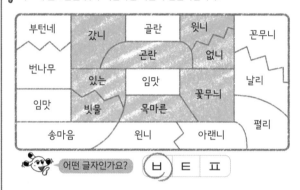

어떤 글자인가요? (ㅂ) ㅌ ㅍ

29 셋째 마당 복습 (73쪽)

알맞은 것을 골라서 쓰세요.

① 모르게 ② 떡볶이 ③ 헷갈리는 ④ 뱉으며
⑤ 한가운데

밑줄 친 부분의 띄어쓰기를 바르게 한 것에 v표 하세요.

☆ ☑ 올망졸망∨많다
☆ ☑ 악몽∨같다
☆ ☑ 귀여운∨잠옷이네
☆ ☑ 한가득∨받아
☆ ☑ 소식이∨없니

30 | 받아쓰기 연습 (74쪽)

① 벚나무　⑦ 악몽　⑬ 윗니
② 입맛　⑧ 꽃무늬　⑭ 아랫니
③ 국물　⑨ 첫마디　⑮ 곤란
④ 속마음　⑩ 편리　⑯ 갔니
⑤ 회전목마　⑪ 빗물
⑥ 난리　⑫ 목마른

(75쪽)
① 커다란 벚나무
② 맛있는 떡볶이
③ 헷갈리는 속마음
④ 빙빙 도는 회전목마
⑤ 끔찍한 악몽
⑥ 귀여운 잠옷
⑦ 편리한 단추
⑧ 목마른 참새
⑨ 까만 수박씨
⑩ 정말 곤란하다

122

31 79쪽

🔍 **잘 틀리는 낱말 연습하기**

❶ 찾 ❷ 찮 ❸ 굴 ❹ 제 ❺ 채 ❻ 억

✅ **헷갈리는 띄어쓰기 연습하기**

☆ 올V리는
☆ 귀찮은V듯
☆ 든V채

 32 81쪽

🔍 **잘 틀리는 낱말 연습하기**

❶ 숲 ❷ 왔 ❸ 했 ❹ 없 ❺ 듯 ❻ 잠

✅ **헷갈리는 띄어쓰기 연습하기**

☆ 갈V즈음
☆ 앉는V둥 마는V둥
☆ 올V리가

 33 83쪽

🔍 **잘 틀리는 낱말 연습하기**

❶ 있 ❷ 쬐 ❸ 대 ❹ 베 ❺ 밑 ❻ 웃

✅ **헷갈리는 띄어쓰기 연습하기**

☆ 햇볕V때문에
☆ 자기V나름대로
☆ 하는V중이었지요

 34 85쪽

🔍 **잘 틀리는 낱말 연습하기**

❶ 에 ❷ 위 ❸ 체 ❹ 행 ❺ 있 ❻ 겁

✅ **헷갈리는 띄어쓰기 연습하기**

☆ 여덟V개의
☆ 지구V등이
☆ 끓는V중이랍니다

 35 87쪽

🔍 **잘 틀리는 낱말 연습하기**

❶ 게 ❷ 많 ❸ 애 ❹ 싶 ❺ 숨 ❻ 될

✅ **헷갈리는 띄어쓰기 연습하기**

☆ 열두V척
☆ 크신V분
☆ 될V수

 36 89쪽

🔍 **잘 틀리는 낱말 연습하기**

❶ 읽 ❷ 렸 ❸ 뉘 ❹ 달 ❺ 했 ❻ 대

✅ **헷갈리는 띄어쓰기 연습하기**

☆ 읽을V것을
☆ 죽을V뻔했지만
☆ 되는V대로

37 · 91쪽

🔍 잘 틀리는 낱말 연습하기

① 았 ② 몇 ③ 연 ④ 팬 ⑤ 멋 ⑥ 뭇

✅ 헷갈리는 띄어쓰기 연습하기

☆ 몇V달은
☆ 잡아먹는V것도
☆ 어릴V적

38 · 93쪽

🔍 잘 틀리는 낱말 연습하기

① 렸 ② 울 ③ 새 ④ 있 ⑤ 래 ⑥ 닿

✅ 헷갈리는 띄어쓰기 연습하기

☆ 읽는V데
☆ 그럴V수
☆ 닿은V것

39 넷째 마당 복습 · 94쪽

🖌 바르게 쓴 8칸을 찾아 색칠하면 자음이 만들어집니다.

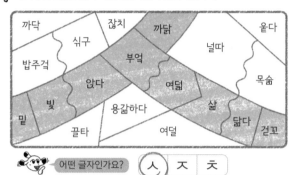

어떤 글자인가요? ㅅ ㅈ ㅊ

🖌 바르게 쓴 8칸을 찾아 색칠하면 자음이 만들어집니다.

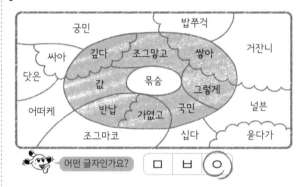

어떤 글자인가요? ㅁ ㅂ ㅇ

39 넷째 마당 복습 · 95쪽

✏️ 알맞은 것을 골라서 쓰세요.

① 귀찮은 ② 없는데 ③ 내리쬐는 ④ 닮고
⑤ 거짓말

✅ 밑줄 친 부분의 띄어쓰기를 바르게 한 것에 v표 하세요.

☆ ☑ 귀찮은V듯
☆ ☑ 쉬는V중
☆ ☑ 지구V등이
☆ ☑ 될V수
☆ ☑ 닿은V것

40 | 받아쓰기 연습 96쪽

❶ 까닭 ❼ 여덟 ⓭ 반납

❷ 부엌 ❽ 끓다 ⓮ 국민

❸ 밥주걱 ❾ 잡아먹다 ⓯ 조그맣다

❹ 햇볕 ❿ 가엾다 ⓰ 그렇게

❺ 웃다 ⓫ 그늘

❻ 넓다 ⓬ 애국심

※10번은 '가엽다'도 정답입니다.

97쪽

❶ 까닭 없이

❷ 귀찮은 듯

❸ 햇볕 때문에

❹ 여덟 개

❺ 끓는 중

❻ 열두 척

❼ 읽을 것

❽ 그럴 수가

❾ 다 읽는 데

❿ 자기 나름대로

---

 41 101쪽

 잘 틀리는 낱말 연습하기

❶ 식 ❷ 잎 ❸ 아 ❹ 닫 ❺ 히 ❻ 져

✅ 헷갈리는 띄어쓰기 연습하기

☆ 잡아먹는

☆ 따라온

☆ 꿈틀대는

---

 42 103쪽

잘 틀리는 낱말 연습하기

❶ 있 ❷ 롭 ❸ 목 ❹ 찾 ❺ 안 ❻ 잡

✅ 헷갈리는 띄어쓰기 연습하기

☆ 가지고∨있어요

☆ 안∨움직이고

☆ 찾아내요

---

 43 105쪽

잘 틀리는 낱말 연습하기

❶ 끊 ❷ 예 ❸ 내 ❹ 행 ❺ 털 ❻ 동

✅ 헷갈리는 띄어쓰기 연습하기

☆ 토막∨내서

☆ 자라나요

☆ 먹고∨살아요

44   107쪽

🔍 잘 틀리는 낱말 연습하기

①달 ②위 ③맞 ④잡 ⑤싶 ⑥외

✓ 헷갈리는 띄어쓰기 연습하기

☆ 고개∨숙여
☆ 잡아당기며
☆ 따라∨하고

45   109쪽

🔍 잘 틀리는 낱말 연습하기

①뀌 ②될 ③낮 ④걷 ⑤내 ⑥외

✓ 헷갈리는 띄어쓰기 연습하기

☆ 주의해야∨한다
☆ 입고∨싶고
☆ 다녀야∨한다

46   111쪽

🔍 잘 틀리는 낱말 연습하기

①쥐 ②내 ③매 ④올 ⑤히 ⑥험

✓ 헷갈리는 띄어쓰기 연습하기

☆ 타야∨한다
☆ 뛰어내리면
☆ 올라가야∨한다

47 다섯째 마당 복습   112쪽

🖌 바르게 쓴 8칸을 찾아 색칠하면 자음이 만들어집니다.

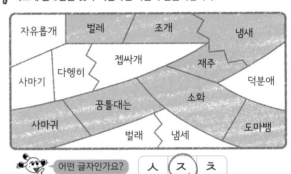

어떤 글자인가요?   ㅅ   ㅈ   ⓒㅊ

🖌 바르게 쓴 8칸을 찾아 색칠하면 자음이 만들어집니다.

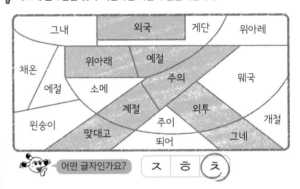

어떤 글자인가요?   ㅈ   ㅎ   ⓒㅊ

47 다섯째 마당 복습   113쪽

✏ 알맞은 것을 골라서 쓰세요.

①식물 ②찾아낸다 ③다행히 ④바뀌면
⑤쥐고

✓ 밑줄 친 부분의 띄어쓰기를 바르게 한 것에 v표 하세요.

☆ ☑ 따라온
☆ ☑ 가지고∨있어요
☆ ☑ 안∨움직이고
☆ ☑ 고개∨숙여
☆ ☑ 올라가야∨한다

48 | 받아쓰기 연습　　114쪽

① 벌레　　⑦ 계절　　⑬ 그네
② 조개　　⑧ 외국　　⑭ 원숭이
③ 냄새　　⑨ 예절　　⑮ 계단
④ 소화　　⑩ 주의　　⑯ 위험
⑤ 재주　　⑪ 소매
⑥ 사마귀　　⑫ 외투

115쪽

① 벌레가 꿈틀댄다
② 재주를 가지고 있다
③ 먹이를 찾아낸다
④ 꼬리는 자라난다
⑤ 지렁이를 먹고 산다
⑥ 귀를 잡아당긴다
⑦ 인사를 따라 해 본다
⑧ 반팔을 입고 싶다
⑨ 도중에 뛰어내린다
⑩ 냄새를 따라오다

교과서 필수 어휘로 초등 맞춤법 완성하기!

어린이 글 2만 건 분석 추출

바른 초등학생을 위한 빠른 맞춤법 ②

속담, 수수께끼, 생활 글로 재미있게 배워요!

맞춤법
받아쓰기
띄어쓰기

이지스에듀

2권에서 만나요

바빠 시리즈 초등 학년별 추천 도서

학년	학기별 연산책 바빠 교과서 연산 학기 중, 선행용으로 추천!	나 혼자 푼다! 수학 문장제 학교 시험 서술형 완벽 대비!
1학년	·바쁜 1학년을 위한 빠른 교과서 연산 1-1 ·바쁜 1학년을 위한 빠른 교과서 연산 1-2	·나 혼자 푼다! 수학 문장제 1-1 ·나 혼자 푼다! 수학 문장제 1-2
2학년	·바쁜 2학년을 위한 빠른 교과서 연산 2-1 ·바쁜 2학년을 위한 빠른 교과서 연산 2-2	·나 혼자 푼다! 수학 문장제 2-1 ·나 혼자 푼다! 수학 문장제 2-2
3학년	·바쁜 3학년을 위한 빠른 교과서 연산 3-1 ·바쁜 3학년을 위한 빠른 교과서 연산 3-2	·나 혼자 푼다! 수학 문장제 3-1 ·나 혼자 푼다! 수학 문장제 3-2
4학년	·바쁜 4학년을 위한 빠른 교과서 연산 4-1 ·바쁜 4학년을 위한 빠른 교과서 연산 4-2	·나 혼자 푼다! 수학 문장제 4-1 ·나 혼자 푼다! 수학 문장제 4-2
5학년	·바쁜 5학년을 위한 빠른 교과서 연산 5-1 ·바쁜 5학년을 위한 빠른 교과서 연산 5-2	·나 혼자 푼다! 수학 문장제 5-1 ·나 혼자 푼다! 수학 문장제 5-2
6학년	·바쁜 6학년을 위한 빠른 교과서 연산 6-1 ·바쁜 6학년을 위한 빠른 교과서 연산 6-2	·나 혼자 푼다! 수학 문장제 6-1 ·나 혼자 푼다! 수학 문장제 6-2

'바빠 교과서 연산'과
'나 혼자 문장제'를
함께 풀면
한 학기 수학 완성!

바쁜 친구들이 즐거워지는 **빠른** 학습서

영역별 연산책 바빠 연산법	바빠 국어/ 급수한자	바빠 영어
방학 때나 학습 결손이 생겼을 때~	초등 교과서 필수 어휘와 문해력 완성!	우리 집, 방학 특강 교재로 인기 최고!

영역별 연산책 바빠 연산법

- 바쁜 1·2학년을 위한 빠른 **덧셈**
- 바쁜 1·2학년을 위한 빠른 **뺄셈**
- 바쁜 초등학생을 위한 빠른 **구구단**
- 바쁜 초등학생을 위한
  빠른 **시계와 시간**
- 보일락 말락~ 바빠 구구단판
  + 원리노트

- 바쁜 3·4학년을 위한 빠른 **덧셈**
- 바쁜 3·4학년을 위한 빠른 **뺄셈**
- 바쁜 3·4학년을 위한 빠른 **분수**
- 바쁜 3·4학년을 위한 빠른 **곱셈**
- 바쁜 3·4학년을 위한 빠른 **나눗셈**
  (4학년부터 권장합니다.)

- 바쁜 5·6학년을 위한 빠른 **곱셈**
- 바쁜 5·6학년을 위한 빠른 **나눗셈**
- 바쁜 5·6학년을 위한 빠른 **분수**
- 바쁜 5·6학년을 위한 빠른 **소수**
  (6학년부터 권장합니다.)

바빠 국어/ 급수한자

- 바쁜 초등학생을 위한 빠른 **맞춤법 1**
- 바쁜 초등학생을 위한 빠른 **급수한자 8급**
- 바쁜 초등학생을 위한 빠른 **독해 1, 2**

- 바쁜 초등학생을 위한 빠른 **독해 3, 4**
- 바쁜 초등학생을 위한 빠른 **맞춤법 2**
- 바쁜 초등학생을 위한
  빠른 **급수한자 7급 1, 2**

- 바쁜 초등학생을 위한
  빠른 **급수한자 6급 1, 2, 3**
- 보일락 말락~ 바빠 급수한자판
  + 6·7·8급 모의시험

- 바쁜 초등학생을 위한 빠른 **독해 5, 6**

재미있게 읽다 보면
나도 모르게
교과 지식까지 쑥쑥!

바빠 영어

- 바쁜 초등학생을 위한
  빠른 **사이트 워드 1, 2**
- 바쁜 초등학생을 위한
  빠른 **파닉스 1, 2**

- 바쁜 3·4학년을 위한 빠른 **영단어**
- 바쁜 3·4학년을 위한
  빠른 **영문법 1, 2**

같은 시간을
공부해도
효과 극대화!

- 바쁜 5·6학년을 위한 빠른 **영단어**
- 바쁜 5·6학년을 위한
  빠른 **영문법 1, 2**
- 바쁜 5·6학년을 위한
  빠른 **영어특강 - 영어 시제** 편
- 바쁜 5·6학년을 위한 빠른 **영작문**

읽는 재미를 높인 초등 문해력 향상 프로그램
바빠 독해 (전 6권)

1-2 단계
1~2 학년

3-4 단계
3~4 학년

5-6 단계
5~6 학년

비문학 지문도 재미있게 읽을 수 있어요!
바빠 독해 1~6단계

각 권 9,800원

• 초등학생이 직접 고른 재미있는 이야기들!
- 연구소의 어린이가 읽고 싶어 한 흥미로운 이야기만 골라 담았어요.
- 1단계 | 이솝우화, 과학 상식, 전래동화, 사회 상식
- 2단계 | 이솝우화, 과학 상식, 전래동화, 사회 상식
- 3단계 | 탈무드, 교과 과학, 생활문, 교과 사회
- 4단계 | 속담 동화, 교과 과학, 생활문, 교과 사회
- 5단계 | 고사성어, 교과 과학, 생활문, 교과 사회
- 6단계 | 고사성어, 교과 과학, 생활문, 교과 사회

• 읽다 보면 나도 모르게 교과 지식이 쑥쑥!
- 다채로운 주제를 읽다 보면 초등 교과 지식이 쌓이도록 설계!
- 초등 교과서(국어, 사회, 과학)와 100% 밀착 연계돼 학교 공부에도 직접 도움이 돼요.

• 분당 영재사랑 연구소 지도 비법 대공개!
- 종합력, 이해력, 추론 능력, 분석력, 사고력, 문법까지 한 번에 OK!
- 초등학생 눈높이에 맞춘 수능형 문항을 담았어요!

• 초등학교 방과 후 교재로 인기!
- 아이들의 눈을 번쩍 뜨게 할 만한 호기심 넘치는 재미있고 유익한 교재!
(남상 초등학교 방과 후 교사, 동화작가 강민숙 선생님 추천)

16년간 어린이들을 밀착 지도한 호사라 박사의 독해력 처방전!

영재 교육 선생님들의 선생님!
호사라 박사

"초등학생 취향 저격! 집에서도 모든 어린이가 쉽게 문해력을 키울 수 있는 즐거운 활동을 선별했어요!"

★ 서울대학교 교육학 학사 및 석사
★ 버지니아 대학교(University of Virginia) 영재 교육학 박사

분당에 영재사랑 교육연구소를 설립하여 유년기(6~13세) 영재들을 위한 논술, 수리, 탐구 프로그램을 16년째 직접 개발하며 수업을 진행하고 있어요.

1 빛나무
2 입맛
3 국물
4 속마음
5 회전목마
6 난리
7 악몽
8 꽃무늬
9 첫마디
10 편리
11 빗물
12 목마른
13 웃니
14 아랫니
15 군란
16 갓니

1 커다란 빛나무
2 맛있는 떡볶이
3 햇갈리는 속마음
4 비빔도는 회전목마
5 끔찍한 악몽
6 귀여운 잠옷
7 편리한 단추
8 목마른 참새
9 까만 수박씨
10 정말 군란하다

1 금요일
2 직업
3 입원
4 군약
5 웃음
6 선인장
7 만약
8 적응
9 얼음
10 필요
11 걸음
12 받음
13 녹음
14 앞으로
15 붙안
16 곱돌이

1 결혼을 했다.
2 누가 이길까?
3 악어를 보았다.
4 기분이 어떨까?
5 구경을 했다.
6 그림이 들어갔다.
7 자꾸 흘려여
8 엄마 열굴에서
9 얼음 아예서
10 하늘 높이

1 보름달
2 옷장
3 박쥐
4 숨소리
5 축구공
6 발등
7 바늘구멍
8 조대장
9 팥죽
10 접시
11 낮잠
12 물감
13 옥수수
14 복숭아
15 햅다
16 색종이

1 박쥐가 난다.
2 축구공을 찾다.
3 물이 비겁다.
4 접시를 돌린다.
5 팥에 있다.
6 공연도 한다.
7 영덩이에 뿔 난다.
8 책상만 한니다.
9 동생이랑 먹었다.
10 물감으로 그린다.

96쪽

1 까닭
2 부엌
3 밤 주 격
4 햇볕
5 좇 다
6 낳 다
7 요 없
8 꿈 다
9 잡 아 먹 다
10 가 엾 다
11 그 늘
12 에 구 심
13 받 낳
14 굳 민
15 조 그 맣 다
16 그 렇 게

97쪽

1 까 닭 없 이
2 귀 찮 은 듯
3 햇 볕 때 문 에
4 요 없 개
5 꿈 는 중
6 열 두 척
7 읽 을 것
8 그 럴 수 가
9 다 읽 는 데
10 자 기 나 름 대 로

114쪽

1 뻘 레
2 조 개
3 냄 새
4 제 주
5 소 환
6 사 마 귀
7 계 절
8 외 구
9 왜 결
10 주 의
11 소 매
12 외 투
13 그 네
14 원 숭 이
15 계 단
16 위 험

115쪽

1 뻘 레 가 꿈 틀 댄 다
2 제 주 를 가 지 고 있 다
3 먹 이 를 찾 아 낸 다
4 꼬 리 는 자 라 난 다
5 지 렁 이 를 먹 고 산 다
6 귀 를 잡 아 당 긴 다
7 인 사 를 딴 다 해 본 다
8 받 팥 을 읽 고 싶 다
9 도 중 에 뛰 어 내 린 다
10 냄 새 를 따 라 오 다

틀린 받아쓰기만 모아
다시 연습하세요!

바쁜 초등학생을 위한
빠른 맞춤법 ①